AF547696

GRöLS
Verlage

„Bücher sind wie Fallschirme. Sie nützen uns nichts, wenn wir sie nicht öffnen."

**Gröls Verlag**

## Redaktionelle Hinweise und Impressum

Das vorliegende Werk wurde zugunsten der Authentizität sehr zurückhaltend bearbeitet. So wurden etwa ursprüngliche Rechtschreibfehler *nicht* systematisch behoben, denn kleine Unvollkommenheiten machen das Buch – wie im Übrigen den Menschen – erst authentisch. Mitunter wurden jedoch zum Beispiel Absätze behutsam neu getrennt, um den Lesefluss zu erleichtern.

Um die Texte zu rekonstruieren, werden antiquarische Bücher von Lesegeräten gescannt und dann durch eine Software lesbar gemacht. Der so entstandene Text wird von Menschen gegengelesen und korrigiert – hierbei treten auch Fehler auf. Wenn Sie ebenfalls antiquarische Texte einreichen möchten, finden Sie weitere Informationen auf www.groels.de

Viel Freude bei der Lektüre wünscht Ihnen das Team des Gröls-Verlags.

**Adressen**

Verleger: Sophia Gröls, Im Borngrund 26, 61440 Oberursel

Externer Dienstleister für Distribution & Herstellung: BoD, In de Tarpen 42, 22848 Norderstedt

**Unsere „Edition | Werke der Weltliteratur“** hat den Anspruch, eine der größten und vollständigsten Sammlungen klassischer Literatur in deutscher Sprache zu sein. Nach und nach versammeln wir hier nicht nur die „üblichen Verdächtigen“ von Goethe bis Schiller, sondern auch Kleinode der vergangenen Jahrhunderte, die – zu Unrecht – drohen, in Vergessenheit zu geraten. Wir kultivieren und kuratieren damit einen der wertvollsten Bereiche der abendländischen Kultur. Kleine Auswahl:

**Francis Bacon** • Neues Organon • **Balzac** • Glanz und Elend der Kurtisanen • **Joachim H. Campe** • Robinson der Jüngere • **Dante Alighieri** • Die Göttliche Komödie • **Daniel Defoe** • Robinson Crusoe • **Charles Dickens** • Oliver Twist • **Denis Diderot** • Jacques der Fatalist • **Fjodor Dostojewski** • Schuld und Sühne • **Arthur Conan Doyle** • Der Hund von Baskerville • **Marie von Ebner-Eschenbach** • Das Gemeindekind • **Elisabeth von Österreich** • Das Poetische Tagebuch • **Friedrich Engels** • Die Lage der arbeitenden Klasse • **Ludwig Feuerbach** • Das Wesen des Christentums • **Johann G. Fichte** • Reden an die deutsche Nation • **Fitzgerald** • Zärtlich ist die Nacht • **Flaubert** • Madame Bovary • **Gorch Fock** • Seefahrt ist not! • **Theodor Fontane** • Effi Briest • **Robert Musil** • Über die Dummheit • **Edgar Wallace** • Der Frosch mit der Maske • **Jakob Wassermann** • Der Fall Maurizius • **Oscar Wilde** • Das Bildnis des Dorian Grey • **Émile Zola** • Germinal • **Stefan Zweig** • Schachnovelle • **Hugo von Hofmannsthal** • Der Tor und der Tod • **Anton Tschechow** • Ein Heiratsantrag • **Arthur Schnitzler** • Reigen • **Friedrich Schiller** • Kabale und Liebe • **Nicolo Machiavelli** • Der Fürst • **Gotthold E. Lessing** • Nathan der Weise • **Augustinus** • Die Bekenntnisse des heiligen Augustinus • **Marcus Aurelius** • Selbstbetrachtungen • **Charles Baudelaire** • Die Blumen des Bösen • **Harriett Stowe** • Onkel Toms Hütte • **Walter Benjamin** • Deutsche Menschen • **Hugo Bettauer** • Die Stadt ohne Juden • **Lewis Caroll** • *und viele mehr….*

# Immanuel Kant

# Prolegomena

# zu einer jeden künftigen Metaphysik die als Wissenschaft wird auftreten können

## Inhalt

## Vorrede

Diese Prolegomena sind nicht zum Gebrauch vor Lehrlinge, sondern vor künftige Lehrer, und sollen auch diesen nicht etwa dienen, um den Vortrag einer schon vorhandnen Wissenschaft anzuordnen, sondern um diese Wissenschaft selbst allererst zu erfinden.

Es gibt Gelehrte, denen die Geschichte der Philosophie (der alten sowohl als neuen) selbst ihre Philosophie ist, vor diese sind gegenwärtige Prolegomena nicht geschrieben. Sie müssen warten, bis diejenigen, die aus den Quellen der Vernunft selbst zu schöpfen bemühet sind, ihre Sache werden ausgemacht haben, und alsdenn wird an ihnen die Reihe sein, von dem Geschehenen der Welt Nachricht zu geben. Widrigenfalls kann nichts gesagt werden, was ihrer Meinung nach nicht schon sonst gesagt worden ist, und in der Tat mag dieses auch als eine untrügliche Vorhersagung vor alles Künftige gelten; denn, da der menschliche Verstand über unzählige Gegenstände viele Jahrhunderte hindurch auf mancherlei Weise geschwärmt hat, so kann es nicht leicht fehlen, daß nicht zu jedem Neuen etwas Altes gefunden werden sollte, was damit einige Ähnlichkeit hätte.

Meine Absicht ist, alle diejenigen, so es wert finden, sich mit Metaphysik zu beschäftigen, zu überzeugen: daß es unumgänglich notwendig sei, ihre Arbeit vor der Hand auszusetzen, alles bisher Geschehene als ungeschehen anzusehen, und vor allen Dingen zuerst die Frage aufzuwerfen: "ob auch so etwas, als Metaphysik, überall nur möglich sei."

Ist sie Wissenschaft, wie kommt es, daß sie sich nicht, wie andre Wissenschaften, in allgemeinen und daurenden Beifall setzen kann? Ist sie keine, wie geht es zu, daß sie doch unter dem Scheine einer Wissenschaft unaufhörlich groß tut, und den menschlichen Verstand mit niemals erlöschenden, aber nie erfüllten Hoffnungen hinhält? Man mag also entweder sein Wissen oder Nichtwissen demonstrieren, so muß doch einmal über die Natur dieser angemaßten Wissenschaft etwas Sicheres ausgemacht werden; denn auf demselben Fuße kann es mit ihr unmöglich länger bleiben. Es scheint beinahe belachenswert, indessen daß jede andre Wissenschaft unaufhörlich fortrückt, sich in dieser, die doch die Weisheit selbst sein will, deren Orakel jeder Mensch befrägt, beständig auf derselben Stelle herumzudrehen, ohne einen Schritt weiterzukommen. Auch haben sich ihre Anhänger gar sehr verloren, und man siehet nicht, daß diejenigen, die sich stark genug fühlen, in andern Wissenschaften zu glänzen, ihren Ruhm in dieser wagen wollen, wo jedermann, der sonst in allen übrigen Dingen unwissend ist, sich ein entscheidendes Urteil anmaßt, weil in diesem Lande in der Tat noch kein sicheres Maß und Gewicht vorhanden ist, um Gründlichkeit von seichtem Geschwätze zu unterscheiden.

Es ist aber eben nicht so was Unerhörtes, daß nach langer Bearbeitung einer Wissenschaft, wenn man Wunder denkt, wie weit man schon darin gekommen sei, endlich sich jemand die Frage einfallen läßt: ob und wie überhaupt eine solche Wissenschaft möglich sei. Denn die menschliche Vernunft ist so baulustig, daß sie mehrmalen schon den Turm aufgeführt, hernach aber wieder abgetragen hat, um zu sehen, wie das Fundament desselben wohl beschaffen sein möchte. Es ist niemals zu spät, vernünftig und weise zu werden; es ist aber jederzeit schwerer, wenn die Einsicht spät kommt, sie in Gang zu bringen.

Zu fragen: ob eine Wissenschaft auch wohl möglich sei, setzt voraus, daß man an der Wirklichkeit derselben zweifle. Ein solcher Zweifel aber beleidigt jedermann, dessen ganze Habseligkeit vielleicht in diesem vermeinten Kleinode bestehen möchte; und daher mag sich der, so sich diesen Zweifel entfallen läßt, nur immer auf Widerstand von allen Seiten gefaßt machen. Einige werden in stolzem Bewußtsein ihres alten, und ebendaher vor rechtmäßig gehaltenen Besitzes, mit ihren metaphysischen Kompendien in der Hand, auf ihn mit Verachtung herabsehen: andere, die nirgends etwas sehen, als was mit dem einerlei ist, was sie schon sonst irgendwo gesehen haben, werden ihn nicht verstehen, und alles wird einige Zeit hindurch so bleiben, als ob gar nichts vorgefallen wäre, was eine nahe Veränderung besorgen oder hoffen ließe.

Gleichwohl getraue ich mir vorauszusagen, daß der selbstdenkende Leser dieser Prolegomenen nicht bloß an seiner bisherigen Wissenschaft zweifeln, sondern in der Folge gänzlich überzeugt sein werde, daß es dergleichen gar nicht geben könne, ohne daß die hier geäußerte Forderungen geleistet werden, auf welchen ihre Möglichkeit beruht, und, da dieses noch niemals geschehen, daß es überall noch keine Metaphysik gebe. Da sich indessen die Nachfrage nach ihr doch auch niemals verlieren kann weil das Interesse der allgemeinen Menschenvernunft mit ihr gar zu innigst verflochten ist, so wird er gestehen, daß eine völlige Reform, oder vielmehr eine neue Geburt derselben, nach einem bisher ganz unbekannten Plane, unausbleiblich bevorstehe, man mag sich nun eine Zeitlang dagegen sträuben, wie man wolle.

Seit LOCKES und LEIBNIZENS Versuchen, oder vielmehr seit dem Entstehen der Metaphysik, soweit die Geschichte derselben reicht, hat sich keine Begebenheit zugetragen, die in Ansehung des Schicksals dieser Wissenschaft hätte entscheidender werden können, als der Angriff, den DAVID HUME auf dieselbe machte. Er brachte kein Licht in diese Art von Erkenntnis, aber er schlug doch einen Funken, bei welchem man wohl ein Licht hätte anzünden können, wenn er einen empfänglichen Zunder getroffen hätte, dessen Glimmen sorgfältig wäre unterhalten und vergrößert worden.

HUME ging hauptsächlich von einem einzigen, aber wichtigen Begriffe der Metaphysik, nämlich dem der *Verknüpfung der Ursache und Wirkung*, (mithin auch dessen Folgebegriffe der Kraft und Handlung etc.) aus, und forderte die Vernunft, die da vorgibt, ihn in ihrem Schoße erzeugt zu haben, auf, ihm Rede und Antwort zu geben, mit welchem Rechte sie sich denkt: daß etwas so beschaffen sein könne, daß, wenn es gesetzt ist, dadurch auch etwas anderes notwendig gesetzt werden müsse; denn das sagt der Begriff der Ursache. Er bewies unwidersprechlich: daß es der Vernunft gänzlich unmöglich sei, a priori, und aus Begriffen eine solche Verbindung zu denken, denn diese enthält Notwendigkeit; es ist aber gar nicht abzusehen, wie darum, weil etwas ist, etwas anderes notwendiger Weise auch sein müsse, und wie sich also der Begriff von einer solchen Verknüpfung a priori einführen lasse. Hieraus schloß er, daß die Vernunft sich mit diesem Begriffe ganz und gar betriege, daß sie ihn fälschlich vor ihr eigen Kind halte, da er doch nichts anders als ein Bastard der Einbildungskraft sei, die, durch Erfahrung beschwängert, gewisse Vorstellungen unter das Gesetz der Assoziation gebracht hat, und eine daraus entspringende subjektive Notwendigkeit d. i. Gewohnheit, vor eine objektive aus Einsicht unterschiebt. Hieraus schloß er: die Vernunft habe gar kein Vermögen, solche Verknüpfungen, auch selbst nur im allgemeinen, zu denken, weil ihre Begriffe alsdenn bloße Erdichtungen sein würden, und alle ihre vorgeblich a priori bestehende Erkenntnisse wären nichts als falsch gestempelte gemeine Erfahrungen, welches ebensoviel sagt, als, es gebe überall keine Metaphysik und könne auch keine geben.

So übereilt und unrichtig auch seine Folgerung war, so war sie doch wenigstens auf Untersuchung gegründet, und diese Untersuchung war es wohl wert, daß sich die guten Köpfe seiner Zeit vereinigt hätten, die Aufgabe in dem Sinne, wie er sie vortrug, womöglich glücklicher aufzulösen, woraus denn bald eine gänzliche Reform der Wissenschaft hätte entspringen müssen.

Allein das der Metaphysik von jeher ungünstige Schicksal wollte, daß er von keinem verstanden würde. Man kann es, ohne eine gewisse Pein zu empfinden, nicht ansehen, wie so ganz und gar seine Gegner REID, OSWALD, BEATTIE, und zuletzt noch PRIESTLEY den Punkt seiner Aufgabe verfehlten, und indem sie immer das als zugestanden annahmen, was er eben bezweifelte, dagegen aber mit Heftigkeit und mehrenteils mit großer Unbescheidenheit dasjenige bewiesen, was ihm niemals zu bezweifeln in den Sinn gekommen war, seinen Wink zur Verbesserung so verkannten, daß alles in dem alten Zustande blieb, als ob nichts geschehen wäre. Es war nicht die Frage, ob der Begriff der Ursache richtig, brauchbar, und in Ansehung der ganzen Naturerkenntnis unentbehrlich sei, denn dieses hatte HUME niemals in Zweifel gezogen; sondern ob er durch die Vernunft a priori gedacht werde, und auf solche Weise eine von aller Erfahrung unabhängige innre Wahrheit und daher auch wohl weiter ausgedehnte Brauchbarkeit habe, die nicht bloß auf Gegenstände der Erfahrung eingeschränkt sei: hierüber erwartete HUME Eröffnung. Es war ja nur die Rede von dem Ursprunge dieses Begriffs, nicht von der Unentbehrlichkeit desselben im Gebrauche: wäre jenes nur ausgemittelt, so würde es sich wegen der Bedingungen seines Gebrauches, und des Umfangs, in welchem er gültig sein kann, schon von selbst gegeben haben.

Die Gegner des berühmten Mannes hätten aber, um der Aufgabe ein Gnüge zu tun, sehr tief in die Natur der Vernunft, sofern sie bloß mit reinem Denken beschäftigt ist, hineindringen müssen, welches ihnen ungelegen war. Sie erfanden daher ein bequemeres Mittel, ohne alle Einsicht trotzig zu tun, nämlich die Berufung auf den **gemeinen Menschenverstand**. In der Tat ists eine große Gabe des Himmels, einen geraden (oder, wie man es neuerlich benannt hat, schlichten) Menschenverstand zu besitzen. Aber man muß ihn durch Taten beweisen, durch das Überlegte und Vernünftige, was man denkt und sagt, nicht aber dadurch, daß, wenn man nichts Kluges zu seiner Rechtfertigung vorzubringen weiß, man sich auf ihn als ein Orakel beruft. Wenn Einsicht und Wissenschaft auf die Neige gehen, alsdenn und nicht eher, sich auf den gemeinen Menschenverstand zu berufen, das ist eine von den subtilen Erfindungen neuerer Zeiten, dabei es der schalste Schwätzer mit dem gründlichsten Kopfe getrost aufnehmen, und es mit ihm aushalten kann. Solange aber noch ein kleiner Rest von Einsicht da ist, wird man sich wohl hüten, diese Nothilfe zu ergreifen. Und, beim Lichte besehen, ist diese Appellation nichts anders, als eine Berufung auf das Urteil der Menge; ein Zuklatschen, über das der Philosoph errötet, der populäre Witzling aber triumphiert und trotzig tut. Ich sollte aber doch denken, HUME habe auf einen gesunden Verstand ebenso wohl Anspruch machen können, als BEATTIE, und noch überdem auf das, was dieser gewiß nicht besaß, nämlich eine kritische Vernunft, die den gemeinen Verstand in Schranken hält, damit er sich nicht in Spekulationen versteige, oder, wenn bloß von diesen die Rede ist, nichts zu entscheiden begehre, weil er sich über seine Grundsätze nicht zu rechtfertigen versteht; denn nur so allein wird er ein gesunder Verstand bleiben. Meißel und Schlägel können ganz wohl dazu dienen, ein Stück Zimmerholz zu bearbeiten, aber zum Kupferstechen muß man die Radiernadel brauchen. So sind gesunder Verstand sowohl als spekulativer, beide, aber jeder in seiner Art, brauchbar: jener, wenn es auf Urteile ankommt, die in der Erfahrung ihre unmittelbare Anwendung finden, dieser aber, wo im allgemeinen, aus bloßen Begriffen geurteilt werden soll, z. B. in der Metaphysik, wo der sich selbst, aber oft per antiphrasin, so nennende gesunde Verstand ganz und gar kein Urteil hat.

Ich gestehe frei: die Erinnerung des DAVIED HUME war eben dasjenige, was mir vor vielen Jahren zuerst den dogmatischen Schlummer unterbrach, und meinen Untersuchungen im Felde der spekulativen Philosophie eine ganz andre Richtung gab. Ich war weit entfernt, ihm in Ansehung seiner Folgerungen Gehör zu geben, die bloß daher rührten, weil er sich seine Aufgabe nicht im Ganzen vorstellte, sondern nur auf einen Teil derselben fiel, der, ohne das Ganze in Betracht zu ziehen, keine Auskunft geben kann. Wenn man von einem gegründeten, obzwar nicht ausgeführten Gedanken anfängt, den uns ein anderer hinterlassen, so kann man wohl hoffen, es bei fortgesetztem Nachdenken weiter zu bringen, als der scharfsinnige Mann kam, dem man den ersten Funken dieses Lichts zu verdanken hatte.

Ich versuchte also zuerst, ob sich nicht HUMES Einwurf allgemein vorstellen ließe, und fand bald: daß der Begriff der Verknüpfung von Ursache und Wirkung bei weitem nicht der einzige sei, durch den der Verstand a priori sich Verknüpfungen der Dinge denkt, vielmehr, daß Metaphysik ganz und gar daraus bestehe. Ich suchte mich ihrer Zahl zu versichern, und, da dieses mir nach Wunsch, nämlich aus einem einzigen Prinzip, gelungen war, so ging ich an die Deduktion dieser Begriffe, von denen ich nunmehr versichert war, daß sie nicht, wie HUME besorgt hatte, von der Erfahrung abgeleitet, sondern aus dem reinen Verstande entsprungen seien. Diese Deduktion, die meinem scharfsinnigen Vorgänger unmöglich schien, die niemand außer ihm sich auch nur hatte einfallen lassen, obgleich jedermann sich der Begriffe getrost bediente, ohne zu fragen, worauf sich denn ihre objektive Gültigkeit gründe, diese, sage ich, war das schwerste, das jemals zum Behuf der Metaphysik unternommen werden konnte, und was noch das Schlimmste dabei ist, so konnte mir Metaphysik, soviel davon nur irgendwo vorhanden ist, hiebei auch nicht die mindeste Hülfe leisten, weil jene Deduktion zuerst die Möglichkeit einer Metaphysik ausmachen soll. Da es mir nun mit der Auflösung des Humischen Problems nicht bloß in einem besondern Falle, sondern in Absicht auf das ganze Vermögen der reinen Vernunft gelungen war: so konnte ich sichere, obgleich immer nur langsame Schritte tun, um endlich den ganzen Umfang der reinen Vernunft, in seinen Grenzen sowohl als seinem Inhalt, vollständig und nach allgemeinen Prinzipien zu bestimmen, welches denn dasjenige war, was Metaphysik bedarf, um ihr System nach einem sicheren Plan aufzuführen.

Ich besorge aber, daß es der *Ausführung* des Humischen Problems in seiner möglich größten Erweiterung (nämlich der Kritik der reinen Vernunft) ebenso gehen dürfte, als es dem *Problem* selbst erging, da es zuerst vorgestellt wurde. Man wird sie unrichtig beurteilen, weil man sie nicht versteht; man wird sie nicht verstehen, weil man das Buch zwar durchzublättern, aber nicht durchzudenken Lust hat; und man wird diese Bemühung darauf nicht verwenden wollen, weil das Werk trocken, weil es dunkel, weil es allen gewohnten Begriffen widerstreitend und überdem weitläuftig ist. Nun gestehe ich, daß es mir unerwartet sei, von einem Philosophen Klagen wegen Mangel an Popularität, Unterhaltung und Gemächlichkeit zu hören, wenn es um die Existenz einer gepriesenen und der Menschheit unentbehrlichen Erkenntnis selbst zu tun ist, die nicht anders, als nach den strengsten Regeln einer schulgerechten Pünktlichkeit ausgemacht werden kann, auf welche zwar mit der Zeit auch Popularität folgen, aber niemals den Anfang machen darf. Allein, was eine gewisse Dunkelheit betrifft, die zum Teil von der Weitläuftigkeit des Plans herrühret, bei welcher man die Hauptpunkte, auf die es bei der Untersuchung ankommt, nicht wohl übersehen kann: so ist die Beschwerde deshalb gerecht, und dieser werde ich durch gegenwärtige *Prolegomena* abhelfen.

Jenes Werk, welches das reine Vernunftvermögen in seinem ganzen Umfange und Grenzen darstellt, bleibt dabei immer die Grundlage, worauf sich die Prolegomena nur als Vorübungen beziehen; denn jene Kritik muß als Wissenschaft systematisch, und bis zu ihren kleinsten Teilen vollständig dastehen, ehe noch daran zu denken ist, Metaphysik auftreten zu lassen, oder sich auch nur eine entfernte Hoffnung zu derselben zu machen.

Man ist es schon lange gewohnt, alte abgenutzte Erkenntnisse dadurch neu aufgestutzt zu sehen, daß man sie aus ihren vormaligen Verbindungen herausnimmt, ihnen ein systematisches Kleid nach eigenem beliebigen Schnitte, aber unter neuen Titeln, anpaßt; und nichts anders wird der größte Teil der Leser auch von jener Kritik zum voraus erwarten. Allein diese Prolegomena werden ihn dahin bringen, einzusehen, daß es eine ganz neue Wissenschaft sei, von welcher niemand auch nur den Gedanken vorher gefaßt hatte, wovon selbst die bloße Idee unbekannt war, und wozu von allem bisher Gegebenen nichts genutzt werden konnte, als allein der Wink, den HUMES Zweifel geben konnten, der gleichfalls nichts von einer dergleichen möglichen förmlichen Wissenschaft ahnte, sondern sein Schiff, um es in Sicherheit zu bringen, auf den Strand (den Skeptizism) setzte, da es denn liegen und verfaulen mag, statt dessen es bei mir darauf ankommt, ihm einen Piloten zu geben, der nach sicheren Prinzipien der Steuermannskunst, die aus der Kenntnis des Globus gezogen sind, mit einer vollständigen Seekarte und einem Kompaß versehen, das Schiff sicher führen könne, wohin es ihm gut dünkt.

Zu einer neuen Wissenschaft, die gänzlich isoliert und die einzige ihrer Art ist, mit dem Vorurteil gehen, als könne man sie vermittelst seiner schon sonst erworbenen vermeinten Kenntnisse beurteilen, obgleich die es eben sind, an deren Realität zuvor gänzlich gezweifelt werden muß, bringt nichts anders zuwege, als daß man allenthalben das zu sehen glaubt, was einem schon sonst bekannt war, weil etwa die Ausdrücke jenem ähnlich lauten, nur, daß einem alles äußerst verunstaltet, widersinnisch und kauderwelsch vorkommen muß, weil man nicht die Gedanken des Verfassers, sondern immer nur seine eigene, durch lange Gewohnheit zur Natur gewordene Denkungsart dabei zum Grunde legt. Aber die Weitläuftigkeit des Werks, sofern sie in der Wissenschaft selbst und nicht dem Vortrage gegründet ist, die dabei unvermeidliche Trockenheit und scholastische Pünktlichkeit sind Eigenschaften, die zwar der Sache selbst überaus vorteilhaft sein mögen, dem Buche selbst aber allerdings nachteilig werden müssen.

Es ist zwar nicht jedermann gegeben, so subtil und doch zugleich so anlockend zu schreiben, als DAVID HUME, oder so gründlich und dabei so elegant, als MOSES MENDELSSOHN; allein Popularität hätte ich meinem Vortrage (wie ich mir schmeichele) wohl geben können, wenn es mir nur darum zu tun gewesen wäre, einen Plan zu entwerfen, und dessen Vollziehung andern anzupreisen, und mir nicht das Wohl der Wissenschaft, die mich so lange beschäftigt hielt, am Herzen gelegen hätte; denn übrigens gehörte viel Beharrlichkeit und auch selbst nicht wenig Selbstverläugnung dazu, die Anlockung einer früheren günstigen Aufnahme der Aussicht auf einen zwar späten, aber dauerhaften Beifall nachzusetzen.

*Plane machen* ist mehrmalen eine üppige, prahlerische Geistesbeschäftigung, dadurch man sich ein Ansehen von schöpferischem Genie gibt, indem man fodert, was man selbst nicht leisten, tadelt, was man doch nicht besser machen kann, und vorschlägt, wovon man selbst nicht weiß, wo es zu finden ist, wiewohl auch nur zum tüchtigen Plane einer allgemeinen Kritik der Vernunft schon etwas mehr gehöret hätte, als man wohl vermuten mag, wenn er nicht bloß, wie gewöhnlich, eine Deklamation frommer Wünsche hätte werden sollen. Allein reine Vernunft ist eine so abgesonderte, in ihr selbst so durchgängig verknüpfte Sphäre, daß man keinen Teil derselben antasten kann, ohne alle übrige zu berühren, und nichts ausrichten kann, ohne vorher jedem seine Stelle und seinen Einfluß auf den andern bestimmt zu haben, weil, da nichts außer derselben ist, was unser Urteil innerhalb berichtigen könnte, jedes Teiles Gültigkeit und Gebrauch von dem Verhältnisse abhängt, darin er gegen die übrigen in der Vernunft selbst steht, und, wie bei dem Gliederbau eines organisierten Körpers, der Zweck jedes Gliedes nur aus dem vollständigen Begriff des Ganzen abgeleitet werden kann. Daher kann man von einer solchen Kritik sagen: daß sie niemals zuverlässig sei, wenn sie nicht *ganz* und bis auf die mindesten Elemente der reinen Vernunft *vollendet* ist, und daß man von der Sphäre dieses Vermögens entweder *alles* oder *nichts* bestimmen und ausmachen müsse.

Ob aber gleich ein bloßer Plan, der vor der Kritik der reinen Vernunft vorhergehen möchte, unverständlich, unzuverlässig und unnütze sein würde, so ist er dagegen um desto nützlicher, wenn er darauf folgt. Denn dadurch wird man in den Stand gesetzt, das Ganze zu übersehen, die Hauptpunkte, worauf es bei dieser Wissenschaft ankommt, stückweise zu prüfen, und manches dem Vortrage nach besser einzurichten, als es in der ersten Ausfertigung des Werks geschehen konnte.

Hier ist nun ein solcher *Plan*, nach vollendetem Werke, der nunmehr nach *analytischer Methode* angelegt sein darf, da das Werk selbst durchaus nach *synthetischer Lehrart* abgefaßt sein mußte, damit die Wissenschaft alle ihre Artikulationen, als den Gliederbau eines ganz besondern Erkenntnisvermögens, in seiner natürlichen Verbindung vor Augen stelle. Wer diesen Plan, den ich als Prolegomena vor aller künftigen Metaphysik voranschicke, selbst wiederum dunkel findet, der mag bedenken, daß es eben nicht nötig sei, daß jedermann Metaphysik studiere, daß es manches Talent gebe, welches in gründlichen und selbst tiefen Wissenschaften, die sich mehr der Anschauung nähern, ganz wohl fortkömmt, dem es aber mit Nachforschungen durch lauter abgezogene Begriffe nicht gelingen will, und daß man seine Geistesgaben in solchem Fall auf einen andern Gegenstand verwenden müsse, daß aber derjenige, der Metaphysik zu beurteilen, ja selbst eine abzufassen unternimmt, denen Forderungen, die hier gemacht werden, durchaus ein Gnüge tun müsse, es mag nun auf die Art geschehen, daß er meine Auflösung annimmt, oder sie auch gründlich widerlegt und eine andere an deren Stelle setzt, - denn abweisen kann er sie nicht - und daß endlich die so beschrieene Dunkelheit (eine gewohnte Bemäntelung seiner eigenen Gemächlichkeit oder Blödsichtigkeit) auch ihren Nutzen habe: da alle, die in Ansehung aller andern Wissenschaften ein behutsames Stillschweigen beobachten, in Fragen der Metaphysik meisterhaft sprechen und dreust entscheiden, weil ihre Unwissenheit hier freilich nicht gegen anderer Wissenschaft deutlich absticht, wohl aber gegen echte kritische Grundsätze, von denen man also rühmen kann:

"ignavum, fucos, pecus a praesepibus arcent" Virg.

## Prolegomena

# Vorerinnerung von dem Eigentümlichen aller metaphysischen Erkenntnis

### § 1
### Von den Quellen der Metaphysik

Wenn man eine Erkenntnis als *Wissenschaft* darstellen will, so muß man zuvor das Unterscheidende, was sie mit keiner andern gemein hat, und was ihr also *eigentümlich* ist, genau bestimmen können; widrigenfalls die Grenzen aller

Wissenschaften ineinander laufen, und keine derselben ihrer Natur nach gründlich abgehandelt werden kann.

Dieses Eigentümliche mag nun in dem Unterschiede des *Objekts* oder der *Erkenntnisquellen*, oder auch der *Erkenntnisart*, oder einiger, wo nicht aller dieser Stücke zusammen, bestehen, so beruht darauf zuerst die Idee der möglichen Wissenschaft und ihres Territorium.

Zuerst, was die *Quellen* einer metaphysischen Erkenntnis betrifft, so liegt es schon in ihrem Begriffe, daß sie nicht empirisch sein können. Die Prinzipien derselben, (wozu nicht bloß ihre Grundsätze, sondern auch Grundbegriffe gehören,) müssen also niemals aus der Erfahrung genommen sein: denn sie soll nicht physische, sondern metaphysische, d. i. jenseit der Erfahrung liegende Erkenntnis sein. Also wird weder äußere Erfahrung, welche die Quelle der eigentlichen Physik, noch innere, welche die Grundlage der empirischen Psychologie ausmacht, bei ihr zum Grunde liegen. Sie ist also Erkenntnis a priori, oder aus reinem Verstande und reiner Vernunft.

Hierin würde sie aber nichts Unterscheidendes von der reinen Mathematik haben; sie wird also *reine philosophische Erkenntnis* heißen müssen; wegen der Bedeutung dieses Ausdrucks aber beziehe ich mich auf Kritik d. r. V. Seite 712 [B 740] u. f.) wo der Unterschied dieser zwei Arten des Vernunftgebrauchs einleuchtend und gnugtuend ist dargestellt worden. Soviel von den Quellen der metaphysischen Erkenntnis.

## § 2
## Von der Erkenntnisart, die allein metaphysisch heißen kann

a) Von dem Unterschiede synthetischer und analytischer Urteile überhaupt

Metaphysische Erkenntnis muß lauter Urteile a priori enthalten, das erfordert das Eigentümliche ihrer Quellen. Allein Urteile mögen nun einen Ursprung haben, welchen sie wollen, oder auch ihrer logischen Form nach beschaffen sein wie sie wollen, so gibt es doch einen Unterschied derselben, dem Inhalte nach, vermöge dessen sie entweder bloß *erläuternd sind*, und zum Inhalte der Erkenntnis nichts hinzutun, oder *erweiternd*, und die gegebene Erkenntnis vergrößern; die erstern werden *analytische*, die zweiten *synthetische* Urteile genannt werden können.

Analytische Urteile sagen im Prädikate nichts als das, was im Begriffe des Subjekts schon wirklich, obgleich nicht so klar und mit gleichem Bewußtsein gedacht war. Wenn ich sage: Alle Körper sind ausgedehnt, so habe ich meinen Begriff vom Körper nicht im mindesten erweitert, sondern ihn nur aufgelöset, indem die Ausdehnung von jenem Begriffe schon vor dem Urteile, obgleich nicht ausdrücklich gesagt, dennoch wirklich gedacht war; das Urteil ist also analytisch. Dagegen enthält der Satz: einige Körper sind schwer, etwas im Prädikate, was in dem allgemeinen Begriffe vom Körper nicht wirklich gedacht wird, er vergrößert also meine Erkenntnis, indem er zu meinem Begriffe etwas hinzutut, und muß daher ein synthetisches Urteil heißen.

b) Das gemeinschaftliche Prinzip aller analytischen Urteile ist der Satz des Widerspruchs

Alle analytische Urteile beruhen gänzlich auf dem Satze des Widerspruchs, und sind ihrer Natur nach Erkenntnisse a priori, die Begriffe, die ihnen zur Materie dienen, mögen empirisch sein oder nicht. Denn, weil das Prädikat eines bejahenden analytischen Urteils schon vorher im Begriffe des Subjekts gedacht wird, so kann es von ihm ohne Widerspruch nicht verneinet werden, ebenso wird sein Gegenteil in einem analytischen, aber verneinenden Urteile notwendig von dem Subjekt verneinet, und zwar auch zufolge dem Satze des Widerspruchs. So ist es mit denen Sätzen: "Jeder Körper ist ausgedehnt" und "kein Körper ist unausgedehnt" (einfach) beschaffen.

Ebendarum sind auch alle analytische Sätze Urteile a priori, wenngleich ihre Begriffe empirisch sind, z. B. Gold ist ein gelbes Metall; denn um dieses zu wissen, brauche ich keiner weitern Erfahrung, außer meinem Begriffe vom Golde, der enthielte, daß dieser Körper gelb und Metall sei: denn dieses machte eben meinen Begriff aus, und ich durfte nichts tun, als diesen zergliedern, ohne mich außer demselben wornach anders umzusehen.

c) Synthetische Urteile bedürfen ein anderes Prinzip, als den Satz des Widerspruchs

Es gibt synthetische Urteile a posteriori, deren Ursprung empirisch ist; aber es gibt auch deren, die a priori gewiß sind, und die aus reinem Verstande und Vernunft entspringen. Beide kommen aber darin überein, daß sie nach dem Grundsatze der Analysis, nämlich dem Satze des Widerspruchs allein nimmermehr entspringen können; sie erfordern noch ein ganz anderes Prinzip, ob sie zwar aus jedem Grundsatze, welcher er auch sei, jederzeit dem *Satze des*

*Widerspruchs* gemäß abgeleitet werden müssen; denn nichts darf diesem Grundsatze zuwider sein, obgleich eben nicht alles daraus abgeleitet werden kann. Ich will die synthetischen Urteile zuvor unter Klassen bringen.

1) *Erfahrungsurteile* sind jederzeit synthetisch. Denn es wäre ungereimt, ein analytisches Urteil auf Erfahrung zu gründen, da ich doch aus meinem Begriffe gar nicht hinausgehen darf, um das Urteil abzufassen, und also kein Zeugnis der Erfahrung dazu nötig habe. Daß ein Körper ausgedehnt sei, ist ein Satz, der a priori feststeht, und kein Erfahrungsurteil. Denn ehe ich zur Erfahrung gehe, habe ich alle Bedingungen zu meinem Urteile schon in dem Begriffe, aus welchem ich das Prädikat nach dem Satze des Widerspruchs nur herausziehen und dadurch zugleich der Notwendigkeit des Urteils bewußt werden kann, welche mir Erfahrung nicht einmal lehren würde.

2) *Mathematische Urteile* sind insgesamt synthetisch. Dieser Satz scheint den Bemerkungen der Zergliederer der menschlichen Vernunft bisher ganz entgangen, ja allen ihren Vermutungen gerade entgegengesetzt zu sein, ob er gleich unwidersprechlich gewiß und in der Folge sehr wichtig ist. Denn weil man fand, daß die Schlüsse der Mathematiker alle nach dem Satze des Widerspruches fortgehen, (welches die Natur einer jeden apodiktischen Gewißheit erfordert), so überredete man sich, daß auch die Grundsätze aus dem Satze des Widerspruchs erkannt würden, worin sie sich sehr irreten; denn ein synthetischer Satz kann allerdings nach dem Satze des Widerspruchs eingesehen werden, aber nur so, daß ein anderer synthetischer Satz vorausgesetzt wird, aus dem er gefolgert werden kann, niemals aber an sich selbst.

Zuvörderst muß bemerkt werden: daß eigentliche mathematische Sätze jederzeit Urteile a priori und nicht empirisch sind, weil sie Notwendigkeit bei sich führen, welche aus Erfahrung nicht abgenommen werden kann. Will man mir aber dieses nicht einräumen, wohlan, so schränke ich meinen Satz auf die *reine Mathematik* ein, deren Begriff es schon mit sich bringt, daß sie nicht empirische, sondern bloß reine Erkenntnis a priori enthalte.

Man sollte anfänglich wohl denken: daß der Satz $7 + 5 = 12$ ein bloß analytischer Satz sei, der aus dem Begriffe einer Summe von Sieben und Fünf nach dem Satze des Widerspruches erfolge. Allein, wenn man es näher betrachtet, so findet man, daß der Begriff der Summe von 7 und 5 nichts weiter enthalte, als die Vereinigung beider Zahlen in eine einzige, wodurch ganz und gar nicht gedacht wird, welches diese einzige Zahl sei, die beide zusammenfaßt.

Der Begriff von Zwölf ist keinesweges dadurch schon gedacht, daß ich mir bloß jene Vereinigung von Sieben und Fünf denke, und, ich mag meinen Begriff von einer solchen möglichen Summe noch so lange zergliedern, so werde ich doch darin die Zwölf nicht antreffen. Man muß über diese Begriffe hinausgehen, indem man die Anschauung zu Hülfe nimmt, die einem von beiden korrespondiert, etwa seine fünf Finger, oder (wie SEGNER in seiner Arithmetik) fünf Punkte, und so nach und nach die Einheiten der in der Anschauung gegebenen Fünf zu dem Begriffe der Sieben hinzutut. Man erweitert also wirklich seinen Begriff durch diesen Satz 7 + 5 = 12 und tut zu dem ersteren Begriff einen neuen hinzu, der in jenem gar nicht gedacht war, d. i. der arithmetische Satz ist jederzeit synthetisch, welches man desto deutlicher inne wird, wenn man etwas größere Zahlen nimmt; da es denn klar einleuchtet, daß, wir möchten unsern Begriff drehen und wenden, wie wir wollen, wir, ohne die Anschauung zu Hülfe zu nehmen, vermittelst der bloßen Zergliederung unserer Begriffe die Summe niemals finden könnten.

Ebensowenig ist irgendein Grundsatz der reinen Geometrie analytisch. Daß die gerade Linie zwischen zweien Punkten die kürzeste sei, ist ein synthetischer Satz. Denn mein Begriff vom Geraden enthält nichts von Größe, sondern nur eine Qualität. Der Begriff des Kürzesten kommt also gänzlich hinzu, und kann durch keine Zergliederung aus dem Begriffe der geraden Linie gezogen werden. Anschauung muß also hier zu Hülfe genommen werden, vermittelst deren allein die Synthesis möglich ist.

Einige andere Grundsätze, welche die Geometer voraussetzen, sind zwar wirklich analytisch und beruhen auf dem Satze des Widerspruchs, sie dienen aber nur, wie identische Sätze, zur Kette der Methode und nicht als Prinzipien, z. B. a = a, das Ganze ist sich selber gleich, oder (a + b) > a d. i. das Ganze ist größer als sein Teil. Und doch auch diese selbst, ob sie gleich nach bloßen Begriffen gelten, werden in der Mathematik nur darum zugelassen, weil sie in der Anschauung können dargestellet werden. Was uns hier gemeiniglich glauben macht, als läge das Prädikat solcher apodiktischen Urteile schon in unserm Begriffe, und das Urteil sei also analytisch, ist bloß die Zweideutigkeit des Ausdrucks. Wir *sollen* nämlich zu einem gegebenen Begriffe ein gewisses Prädikat hinzudenken, und diese Notwendigkeit haftet schon an den Begriffen. Aber die Frage ist nicht, was wir zu dem gegebenen Begriffe hinzu *denken sollen*, sondern was wir *wirklich* in ihnen, obzwar nur dunkel, *denken*, und da zeigt sich, daß das Prädikat jenen Begriffen zwar notwendig, aber nicht unmittelbar, sondern vermittelst einer Anschauung, die hinzukommen muß, anhänge.

## *§ 3*
## Anmerkung zur allgemeinen Einteilung der Urteile in analytische und synthetische

Diese Einteilung ist in Ansehung der Kritik des menschlichen Verstandes unentbehrlich, und verdient daher in ihr *klassisch* zu sein; sonst wüßte ich nicht, daß sie irgend anderwärts einen beträchtlichen Nutzen hätte. Und hierin finde ich auch die Ursache, weswegen dogmatische Philosophen, die die Quellen metaphysischer Urteile immer nur in der Metaphysik selbst, nicht aber außer ihr, in den reinen Vernunftgesetzen überhaupt suchten, diese Einteilung, die sich von selbst darzubieten scheint, vernachlässigten, und wie der berühmte WOLFF, oder der seinen Fußstapfen folgende scharfsinnige BAUMGARTEN den Beweis von dem Satze des zureichenden Grundes, der offenbar synthetisch ist, im Satze des Widerspruchs suchen konnten. Dagegen treffe ich schon in LOCKES Versuchen über den menschlichen Verstand einen Wink zu dieser Einteilung an. Denn im vierten Buch, dem dritten Hauptstück § 9 u. f. nachdem er schon vorher von der verschiedenen Verknüpfung der Vorstellungen in Urteilen und deren Quellen geredet hatte, wovon er die eine in der Identität oder Widerspruch setzt (analytische Urteile), die andere aber in der Existenz der Vorstellungen in einem Subjekt (synthetische Urteile), so gesteht er § 10, daß unsere Erkenntnis (a priori) von der letztern sehr enge und beinahe gar nichts sei. Allein es herrscht in dem, was er von dieser Art der Erkenntnis sagt, so wenig Bestimmtes und auf Regeln Gebrachtes, daß man sich nicht wundern darf, wenn niemand, sonderlich nicht einmal HUME, Anlaß daher genommen hat, über Sätze dieser Art Betrachtungen anzustellen. Denn dergleichen allgemeine und dennoch bestimmte Prinzipien lernt man nicht leicht von andern, denen sie nur dunkel obgeschwebt haben. Man muß durch eigenes Nachdenken zuvor selbst darauf gekommen sein, hernach findet man sie auch anderwärts, wo man sie gewiß nicht zuerst würde angetroffen haben, weil die Verfasser selbst nicht einmal wußten, daß ihren eigenen Bemerkungen eine solche Idee zum Grunde liege. Die, so niemals selbst denken, besitzen dennoch die Scharfsichtigkeit, alles, nachdem es ihnen gezeigt worden, in demjenigen, was sonst schon gesagt worden, aufzuspähen, wo es doch vorher niemand sehen konnte.

## Der Prolegomenen
## Allgemeine Frage:
## Ist überall Metaphysik möglich?

### *§ 4*

Wäre Metaphysik, die sich als Wissenschaft behaupten könnte, wirklich; könnte man sagen: hier ist Metaphysik, die dürft ihr nur lernen, und sie wird euch unwiderstehlich und unveränderlich von ihrer Wahrheit überzeugen, so wäre diese Frage unnötig, und es bliebe nur diejenige übrig, die mehr eine Prüfung unserer Scharfsinnigkeit als den Beweis von der Existenz der Sache selbst beträfe, nämlich, *wie sie möglich sei*, und wie Vernunft es anfange, dazu zu gelangen. Nun ist es der menschlichen Vernunft in diesem Falle so gut nicht geworden. Man kann kein einziges Buch aufzeigen, so wie man etwa einen Euklid vorzeigt, und sagen, das ist Metaphysik, hier findet ihr den vornehmsten Zweck dieser Wissenschaft, das Erkenntnis eines höchsten Wesens und einer künftigen Welt, bewiesen aus Prinzipien der reinen Vernunft. Denn man kann uns zwar viele Sätze aufzeigen, die apodiktisch gewiß sind und niemals bestritten worden; aber diese sind insgesamt analytisch, und betreffen mehr die Materialien und den Bauzeug zur Metaphysik, als die Erweiterung der Erkenntnis, die doch unsere eigentliche Absicht mit ihr sein soll. (§ 2 litt. c.) Ob ihr aber gleich auch synthetische Sätze (z. B. den Satz des zureichenden Grundes) vorzeigt, die ihr niemals aus bloßer Vernunft, mithin, wie doch eure Pflicht war, a priori bewiesen habt, die man euch aber doch gerne einräumet: so geratet ihr doch, wenn ihr euch derselben zu eurem Hauptzwecke bedienen wollt, in so unstatthafte und unsichere Behauptungen, daß zu aller Zeit eine Metaphysik der anderen entweder in Ansehung der Behauptungen selbst oder ihrer Beweise widersprochen, und dadurch ihren Anspruch auf daurenden Beifall selbst vernichtet hat. Sogar sind die Versuche, eine solche Wissenschaft zustande zu bringen, ohne Zweifel die erste Ursache des so früh entstandenen Skeptizismus gewesen, einer Denkungsart, darin die Vernunft so gewalttätig gegen sich selbst verfährt, daß diese niemals, als in völliger Verzweiflung an Befriedigung in Ansehung ihrer wichtigsten Absichten hätte entstehen können. Denn lange vorher, ehe man die Natur methodisch zu befragen anfing, befrug man bloß seine abgesonderte Vernunft, die durch gemeine Erfahrung in gewisser Maße schon geübt war, weil Vernunft uns doch immer gegenwärtig ist, Naturgesetze aber gemeiniglich mühsam aufgesucht werden müssen: und so schwamm Metaphysik oben auf wie Schaum, doch so, daß, so wie der, den man geschöpft hatte, zerging, sich sogleich ein anderer auf der Oberfläche zeigte, den immer einige begierig aufsammleten, wobei andere, anstatt in der Tiefe die Ursache dieser Erscheinung zu suchen, sich damit weise dünkten, daß sie die vergebliche Mühe der erstern belachten.

Das Wesentliche und Unterscheidende der reinen *mathematischen* Erkenntnis von aller andern Erkenntnis a priori ist, daß sie durchaus *nicht aus Begriffen*, sondern jederzeit nur durch die Konstruktion der Begriffe (Kritik S. 713 [B 741]) vor sich gehen muß. Da sie also in ihren Sätzen über den Begriff zu demjenigen, was die ihm korrespondierende Anschauung enthält, hinausgehen muß: so können und sollen ihre Sätze auch niemals durch Zergliederung der Begriffe, d. i. analytisch, entspringen, und sind daher insgesamt synthetisch.

Ich kann aber nicht umhin, den Nachteil zu bemerken, den die Vernachlässigung dieser sonst leichten und unbedeutend scheinenden Beobachtung der Philosophie zugezogen hat. HUME, als er den eines Philosophen würdigen Beruf fühlete, seine Blicke auf das ganze Feld der reinen Erkenntnis a priori zu werfen, in welchem sich der menschliche Verstand so große Besitzungen anmaßt, schnitt unbedachtsamer Weise eine ganze und zwar die erheblichste Provinz derselben, nämlich reine Mathematik, davon ab, in der Einbildung, ihre Natur, und so zu reden ihre Staatsverfassung, beruhe auf ganz andern Prinzipien, nämlich lediglich auf dem Satze des Widerspruchs, und ob er zwar die Einteilung der Sätze nicht so förmlich und allgemein, oder unter der Benennung gemacht hatte, als es von mir hier geschieht, so war es doch gerade soviel, als ob er gesagt hätte: reine Mathematik enthält bloß *analytische* Sätze, Metaphysik aber synthetische a priori. Nun irrete er hierin gar sehr, und dieser Irrtum hatte auf seinen ganzen Begriff entscheidend nachteilige Folgen Denn wäre das von ihm nicht geschehen, so hätte er seine Frage wegen des Ursprungs unserer synthetischen Urteile weit über seinen metaphysischen Begriff der Kausalität erweitert, und sie auch auf die Möglichkeit der Mathematik a priori ausgedehnt; denn diese mußte er ebensowohl vor synthetisch annehmen. Alsdenn aber hätte er seine metaphysische Sätze keinesweges auf bloße Erfahrung gründen können, weil er sonst die Axiomen der reinen Mathematik ebenfalls der Erfahrung unterworfen haben würde, welches zu tun er viel zu einsehend war. Die gute Gesellschaft, worin Metaphysik alsdenn zu stehen gekommen wäre, hätte sie wider die Gefahr einer schnöden Mißhandlung gesichert, denn die Streiche, welche der letzteren zugedacht waren, hätten die erstere auch treffen müssen, welches aber seine Meinung nicht war, auch nicht sein konnte: und so wäre der scharfsinnige Mann in Betrachtungen gezogen worden, die denjenigen hätten ähnlich werden müssen, womit wir uns jetzt beschäftigen, die aber durch seinen unnachahmlich schönen Vortrag unendlich würden gewonnen haben.

*Eigentlich metaphysische Urteile* sind insgesamt synthetisch. Man muß *zur Metaphysik* gehörige von eigentlich *metaphysischen* Urteilen unterscheiden. Unter jenen sind sehr viele analytisch, aber sie machen nur die Mittel zu metaphysischen Urteilen aus, auf die der Zweck der Wissenschaft ganz und gar gerichtet ist, und die allemal synthetisch sind. Denn wenn Begriffe zur Metaphysik gehören, z. B. der von Substanz, so gehören die Urteile, die aus der bloßen Zergliederung derselben entspringen, auch notwendig zur Metaphysik, z. B. Substanz ist dasjenige, was nur als Subjekt existiert etc. und vermittelst mehrerer dergleichen analytischen Urteile suchen wir der Definition der Begriffe nahe zu kommen. Da aber die Analysis eines reinen Verstandesbegriffs (dergleichen die Metaphysik enthält) nicht auf andere Art vor sich geht, als die Zergliederung jedes andern auch empirischen Begriffs, der nicht in die Metaphysik gehört (z. B. Luft ist eine elastische Flüssigkeit, deren Elastizität durch keinen bekannten Grad der Kälte aufgehoben wird), so ist zwar der Begriff, aber nicht das analytische Urteil eigentümlich metaphysisch: denn diese Wissenschaft hat etwas Besonderes und ihr Eigentümliches in der Erzeugung ihrer Erkenntnisse a priori, die also von dem, was sie mit allen andern Verstandeserkenntnissen gemein hat, muß unterschieden werden; so ist z. B. der Satz: alles, was in den Dingen Substanz ist, ist beharrlich, ein synthetischer und eigentümlich metaphysischer Satz.

Wenn man die Begriffe a priori, welche die Materie der Metaphysik und ihr Bauzeug ausmachen, zuvor nach gewissen Prinzipien gesammlet hat, so ist die Zergliederung dieser Begriffe von großem Werte; auch kann dieselbe als ein besonderer Teil (gleichsam als philosophia definitiva), der lauter analytische zur Metaphysik gehörige Sätze enthält, von allen synthetischen Sätzen, die die Metaphysik selbst ausmachen, abgesondert vorgetragen werden. Denn in der Tat haben jene Zergliederungen nirgend anders einen beträchtlichen Nutzen, als in der Metaphysik, d. i. in Absicht auf die synthetischen Sätze, die aus jenen zuerst zergliederten Begriffen sollen erzeugt werden.

Der Schluß dieses Paragraphs ist also: daß Metaphysik es eigentlich mit synthetischen Sätzen a priori zu tun habe, und diese allein ihren Zweck ausmachen, zu welchem sie zwar allerdings mancher Zergliederungen ihrer Begriffe, mithin analytischer Urteile bedarf, wobei aber das Verfahren nicht anders ist, als in jeder andern Erkenntnisart, wo man seine Begriffe durch Zergliederung bloß deutlich zu machen sucht. Allein die *Erzeugung* der Erkenntnis a priori sowohl der Anschauung als Begriffen nach, endlich auch synthetischer Sätze a priori, und zwar im philosophischen Erkenntnisse, macht den wesentlichen Inhalt der Metaphysik aus.

Überdrüssig also des Dogmatismus, der uns nichts lehrt und zugleich des Skeptizismus, der uns gar überall nichts verspricht, auch nicht einmal den Ruhestand einer erlaubten Unwissenheit, aufgefordert durch die Wichtigkeit der Erkenntnis, deren wir bedürfen, und mißtrauisch durch lange Erfahrung in Ansehung jeder, die wir zu besitzen glauben, oder die sich uns unter dem Titel der reinen Vernunft anbietet, bleibt uns nur noch eine kritische Frage übrig, nach deren Beantwortung wir unser künftiges Betragen einrichten können: *Ist überall Metaphysik möglich*? Aber diese Frage muß nicht durch skeptische Einwürfe gegen gewisse Behauptungen einer wirklichen Metaphysik (denn wir lassen jetzt noch keine gelten) sondern aus dem nur noch *problematischen* Begriffe einer solchen Wissenschaft beantwortet werden.

In der *Kritik der reinen Vernunft* bin ich in Absicht auf diese Frage synthetisch zu Werke gegangen, nämlich so, daß ich in der reinen Vernunft selbst forschte, und in dieser Quelle selbst die Elemente sowohl, als auch die Gesetze ihres reinen Gebrauchs nach Prinzipien zu bestimmen suchte. Diese Arbeit ist schwer und erfordert einen entschlossenen Leser, sich nach und nach in ein System hinein zu denken, was noch nichts als gegeben zum Grunde legt, außer die Vernunft selbst, und also, ohne sich auf irgendein Faktum zu stützen, die Erkenntnis aus ihren ursprünglichen Keimen zu entwickeln sucht. *Prolegomena* sollen dagegen Vorübungen sein; sie sollen mehr anzeigen, was man zu tun habe, um eine Wissenschaft, wo möglich, zur Wirklichkeit zu bringen, als sie selbst vortragen. Sie müssen sich also auf etwas stützen, was man schon als zuverlässig kennt, von da man mit Zutrauen ausgehen und zu den Quellen aufsteigen kann, die man noch nicht kennt, und deren Entdeckung uns nicht allein das, was man wußte, erklären, sondern zugleich einen Umfang vieler

Erkenntnisse, die insgesamt aus den nämlichen Quellen entspringen, darstellen wird. Das methodische Verfahren der Prolegomenen, vornehmlich derer, die zu einer künftigen Metaphysik vorbereiten sollen, wird also *analytisch* sein.

Es trifft sich aber glücklicher Weise, daß, ob wir gleich nicht annehmen können, daß Metaphysik als Wissenschaft *wirklich* sei, wir doch mit Zuversicht sagen können, daß gewisse reine synthetische Erkenntnis a priori wirklich und gegeben sei, nämlich *reine Mathematik* und *reine Naturwissenschaft*; denn beide enthalten Sätze, die teils apodiktisch gewiß durch bloße Vernunft, teils durch die allgemeine Einstimmung aus der Erfahrung, und dennoch als von Erfahrung unabhängig durchgängig anerkannt werden. Wir haben also einige wenigstens *unbestrittene* synthetische Erkenntnis a priori, und dürfen nicht fragen, ob sie möglich sei, (denn sie ist wirklich) sondern nur *wie sie möglich sei*, um aus dem Prinzip der Möglichkeit der gegebenen auch die Möglichkeit aller übrigen ableiten zu können.

## Prolegomena
## Allgemeine Frage:
## Wie ist Erkenntnis aus reiner Vernunft möglich?

### § 5

Wir haben oben den mächtigen Unterschied der analytischen und synthetischen Urteile gesehen. Die Möglichkeit analytischer Sätze konnte sehr leicht begriffen werden; denn sie gründet sich lediglich auf dem Satze des Widerspruchs. Die Möglichkeit synthetischer Sätze a posteriori, d. i. solcher, welche aus der Erfahrung geschöpfet werden, bedarf auch keiner besondern Erklärung; denn Erfahrung ist selbst nichts anders, als eine kontinuierliche Zusammenfügung (Synthesis) der Wahrnehmungen. Es bleiben uns also nur synthetische Sätze a priori übrig, deren Möglichkeit gesucht oder untersucht werden muß, weil sie auf anderen Prinzipien als dem Satze des Widerspruchs beruhen muß.

Wir dürfen aber die *Möglichkeit* solcher Sätze hier nicht zuerst suchen, d. i. fragen, ob sie möglich seien. Denn es sind deren gnug, und zwar mit unstreitiger Gewißheit wirklich gegeben, und, da die Methode, die wir jetzt befolgen, analytisch sein soll, so werden wir davon anfangen: daß dergleichen synthetische, aber reine Vernunfterkenntnis wirklich sei; aber alsdenn müssen wir den Grund dieser Möglichkeit dennoch *untersuchen*, und fragen, wie diese Erkenntnis möglich sei, damit wir aus den Prinzipien ihrer Möglichkeit die Bedingungen ihres Gebrauchs, den Umfang und die Grenzen desselben zu bestimmen in Stand gesetzt werden. Die eigentliche mit schulgerechter Präzision ausgedrückte Aufgabe, auf die alles ankömmt, ist also:

*Wie sind synthetische Sätze a priori möglich?*

Ich habe sie oben, der Popularität zu Gefallen, etwas anders, nämlich als eine Frage nach dem Erkenntnis aus reiner Vernunft, ausgedrückt, welches ich diesesmal ohne Nachteil der gesuchten Einsicht wohl tun konnte, weil, da es hier doch lediglich um die Metaphysik und deren Quellen zu tun ist, man nach den vorher gemachten Erinnerungen, sich, wie ich hoffe, jederzeit erinnern wird: daß, wenn wir hier von Erkenntnis aus reiner Vernunft reden, niemals von der analytischen, sondern lediglich der synthetischen die Rede sei.

Auf die Auflösung dieser Aufgabe nun kommt das Stehen oder Fallen der Metaphysik, und also ihre Existenz gänzlich an. Es mag jemand seine Behauptungen in derselben mit noch so großem Schein vortragen, Schlüsse auf Schlüsse bis zum Erdrücken aufhäufen, wenn er nicht vorher jene Frage hat gnugtuend beantworten können, so habe ich recht zu sagen: es ist alles eitele grundlose Philosophie und falsche Weisheit. Du sprichst durch reine Vernunft und maßest dir an, a priori Erkenntnisse gleichsam zu erschaffen, indem du nicht bloß gegebene Begriffe zergliederst, sondern neue Verknüpfungen vorgibst, die nicht auf dem Satze des Widerspruchs beruhen, und die du doch so ganz unabhängig von aller Erfahrung einzusehen vermeinest; wie kommst du nun hiezu, und wie willst du dich wegen solcher Anmaßungen rechtfertigen? Dich auf Beistimmung der allgemeinen Menschenvernunft zu berufen, kann dir nicht gestattet werden; denn das ist ein Zeuge, dessen Ansehen nur auf dem öffentlichen Gerüchte beruht.

Quodcunque ostendis mihi sic, incredulus odi. Horat.

So unentbehrlich aber die Beantwortung dieser Frage ist, so schwer ist sie doch zugleich, und, obzwar die vornehmste Ursache, weswegen man sie nicht schon längst zu beantworten gesucht hat, darin liegt, daß man sich nicht einmal hat einfallen lassen, daß so etwas gefragt werden könne, so ist doch eine zweite Ursache diese, daß eine gnugtuende Beantwortung dieser einen Frage ein weit anhaltenderes, tieferes und mühsameres Nachdenken erfordert, als jemals das weitläuftigste Werk der Metaphysik, das bei der ersten Erscheinung seinem Verfasser Unsterblichkeit versprach. Auch muß ein jeder einsehender Leser, wenn er diese Aufgabe nach ihrer Foderung sorgfältig überdenkt, anfangs durch ihre Schwierigkeit erschreckt, sie vor unauflöslich, und gäbe es nicht wirklich dergleichen reine synthetische Erkenntnisse a priori, sie ganz und gar vor unmöglich halten, welches dem DAVID HUME wirklich begegnete, ob er sich zwar die Frage bei weitem nicht in solcher Allgemeinheit vorstellete, als es hier geschieht und geschehen muß, wenn die Beantwortung vor die ganze Metaphysik entscheidend werden soll. Denn, wie ist es möglich, sagte der scharfsinnige Mann: daß, wenn mir ein Begriff gegeben ist, ich über denselben hinausgehen, und einen andern damit verknüpfen kann, der in jenem gar nicht enthalten ist, und zwar so, als wenn dieser *notwendig* zu jenem gehöre? Nur Erfahrung kann uns solche Verknüpfungen an die Hand geben, (so schloß er aus jener Schwierigkeit, die er vor Unmöglichkeit hielt) und alle jene vermeintliche Notwendigkeit, oder welches einerlei ist, davor gehaltene Erkenntnis a priori, ist nichts als eine lange Gewohnheit, etwas wahr zu finden, und daher die subjektive Notwendigkeit vor objektiv zu halten.

Wenn der Leser sich über Beschwerde und Mühe beklagt, die ich ihm durch die Auflösung dieser Aufgabe machen werde, so darf er nur den Versuch anstellen, sie auf leichtere Art selbst aufzulösen. Vielleicht wird er sich alsdenn demjenigen verbunden halten, der eine Arbeit von so tiefer Nachforschung für ihn übernommen hat, und wohl eher über die Leichtigkeit, die nach Beschaffenheit der Sache der Auflösung noch hat gegeben werden können, einige Verwunderung merken lassen, auch hat es Jahre lang Bemühung gekostet, um diese Aufgabe in ihrer ganzen Allgemeinheit (in dem Verstande, wie die Mathematiker dieses Wort nehmen, nämlich hinreichend vor alle Fälle) aufzulösen, und sie auch endlich in analytischer Gestalt, wie der Leser sie hier antreffen wird, darstellen zu können.

Alle Metaphysiker sind demnach von ihren Geschäften feierlich und gesetzmäßig so lange suspendiert, bis sie die Frage: *Wie sind synthetische Erkenntnisse a priori möglich?* gnugtuend werden beantwortet haben. Denn in dieser Beantwortung allein besteht das Kreditiv, welches sie vorzeigen mußten, wenn sie im Namen der reinen Vernunft etwas bei uns anzubringen haben; in Ermangelung desselben aber können sie nichts anders erwarten, als von

Vernünftigen, die so oft schon hintergangen worden, ohne alle weitere Untersuchung ihres Anbringens, abgewiesen zu werden.

Wollten sie dagegen ihr Geschäfte nicht als *Wissenschaft*, sondern als eine *Kunst* heilsamer und dem allgemeinen Menschenverstande anpassender Überredungen, treiben, so kann ihnen dieses Gewerbe nach Billigkeit nicht verwehrt werden. Sie werden alsdenn die bescheidene Sprache eines vernünftigen Glaubens führen, sie werden gestehen, daß es ihnen nicht erlaubt sei, über das, was jenseit der Grenzen aller möglichen Erfahrung hinausliegt, auch nur einmal zu *mutmaßen*, geschweige etwas zu *wissen*, sondern nur etwas (nicht zum spekulativen Gebrauche, denn auf den müssen sie Verzicht tun, sondern lediglich zum praktischen) *anzunehmen*, was zur Leitung des Verstandes und Willens im Leben möglich und sogar unentbehrlich ist. So allein werden sie den Namen nützlicher und weiser Männer führen können, um desto mehr, je mehr sie auf den der Metaphysiker Verzicht tun; denn diese wollen spekulative Philosophen sein, und da, wenn es um Urteile a priori zu tun ist, man es auf schale Wahrscheinlichkeiten nicht aussetzen kann, (denn was dem Vorgeben nach a priori erkannt wird, wird ebendadurch als notwendig angekündigt) so kann es ihnen nicht erlaubt sein, mit Mutmaßungen zu spielen, sondern ihre Behauptung muß Wissenschaft sein, oder sie ist überall gar nichts.

Man kann sagen, daß die ganze Transszendentalphilosophie, die vor aller Metaphysik notwendig vorhergeht, selbst nichts anders, als bloß die vollständige Auflösung der hier vorgelegten Frage sei, nur in systematischer Ordnung und Ausführlichkeit, und man habe also bis jetzt keine Transszendentalphilosophie: denn, was den Namen davon führt, ist eigentlich ein Teil der Metaphysik; jene Wissenschaft soll aber die Möglichkeit der letzteren zuerst ausmachen, und muß also vor aller Metaphysik vorhergehen. Man darf sich also auch nicht wundern, da eine ganze und zwar aller Beihülfe aus andern beraubte, mithin an sich ganz neue Wissenschaft nötig ist, um nur eine einzige Frage hinreichend zu beantworten, wenn die Auflösung derselben mit Mühe und Schwierigkeit, ja sogar mit einiger Dunkelheit verbunden ist.

Indem wir jetzt zu dieser Auflösung schreiten, und zwar nach analytischer Methode, in welcher wir voraussetzen, daß solche Erkenntnisse aus reiner Vernunft wirklich seien: so können wir uns nur auf zwei *Wissenschaften* der theoretischen Erkenntnis (als von der allein hier die Rede ist) berufen, nämlich *reine Mathematik* und *reine Naturwissenschaft*, denn nur diese können uns die Gegenstände in der Anschauung darstellen, mithin, wenn etwa in ihnen ein Erkenntnis a priori vorkäme, die Wahrheit, oder Übereinstimmung derselben mit dem Objekte, in concreto, d. i. *ihre Wirklichkeit* zeigen, von der alsdenn zu dem Grunde ihrer Möglichkeit auf dem analytischen Wege fortgegangen werden könnte. Dies erleichtert das Geschäfte sehr, in welchem die allgemeine Betrachtungen nicht allein auf Facta angewandt werden, sondern sogar von ihnen ausgehen, anstatt daß sie in synthetischem Verfahren gänzlich in abstracto aus Begriffen abgeleitet werden müssen.

Um aber von diesen wirklichen und zugleich gegründeten reinen Erkenntnissen a priori zu einer möglichen, die wir suchen, nämlich einer Metaphysik, als Wissenschaft, aufzusteigen, haben wir nötig, das, was sie veranlaßt, und als bloß natürlich gegebene, obgleich wegen ihrer Wahrheit nicht unverdächtige, Erkenntnis a priori jener zum Grunde liegt, deren Bearbeitung ohne alle kritische Untersuchung ihrer Möglichkeit gewöhnlichermaßen schon Metaphysik genannt wird, mit einem Worte die Naturanlage zu einer solchen Wissenschaft unter unserer Hauptfrage mit zu begreifen, und so wird die transszendentale Hauptfrage in vier andere Fragen zerteilt nach und nach beantwortet werden.

*1) Wie ist reine Mathematik möglich?*
*2) Wie ist reine Naturwissenschaft möglich?*
*3) Wie ist Metaphysik überhaupt möglich?*
*4) Wie ist Metaphysik als Wissenschaft möglich?*

Man siehet, daß, wenn gleich die Auflösung dieser Aufgaben hauptsächlich den wesentlichen Inhalt der Kritik darstellen soll, sie dennoch auch etwas Eigentümliches habe, welches auch vor sich allein der Aufmerksamkeit würdig ist, nämlich zu gegebenen Wissenschaften die Quellen in der Vernunft selbst zu suchen, um dadurch dieser ihr Vermögen, etwas a priori zu erkennen, vermittelst der Tat selbst zu erforschen und auszumessen; wodurch denn diese Wissenschaften selbst, wenn gleich nicht in Ansehung ihres Inhalts, doch, was ihren richtigen Gebrauch betrifft, gewinnen, und, indem sie einer höheren Frage, wegen ihres gemeinschaftlichen Ursprungs, Licht verschaffen, zugleich Anlaß geben, ihre eigene Natur besser aufzuklären.

## Der transszendentalen Hauptfrage
## Erster Teil
## Wie ist reine Mathematik möglich?

### *§ 6*

Hier ist nun eine große und bewährte Erkenntnis, die schon jetzt von bewundernswürdigem Umfange ist und unbegrenzte Ausbreitung auf die Zukunft verspricht, die durch und durch apodiktische Gewißheit, d. i. absolute Notwendigkeit, bei sich führet, also auf keinen Erfahrungsgründen beruht, mithin ein reines Produkt der Vernunft, überdem aber durch und durch synthetisch ist: "wie ist es nun der menschlichen Vernunft möglich, eine solche Erkenntnis gänzlich a priori zustande zu bringen? " Setzt dieses Vermögen, da es sich nicht auf Erfahrungen fußt, noch fußen kann, nicht irgendeinen Erkenntnisgrund a priori voraus, der tief verborgen liegt, der sich aber durch diese seine Wirkungen offenbaren dürfte, wenn man den ersten Anfängen derselben nur fleißig nachspürete?

### *§ 7*

Wir finden aber, daß alle mathematische Erkenntnis dieses Eigentümliche habe, daß sie ihren Begriff vorher in der *Anschauung*, und zwar a priori, mithin einer solchen, die nicht empirisch, sondern reine Anschauung ist, darstellen müsse, ohne welches Mittel sie nicht einen einzigen Schritt tun kann; daher ihre Urteile jederzeit *intuitiv* sind, anstatt daß Philosophie sich mit *diskursiven* Urteilen *aus bloßen Begriffen* begnügen muß, und ihre apodiktische Lehren wohl durch Anschauung erläutern, niemals aber daher ableiten kann. Diese Beobachtung in Ansehung der Natur der Mathematik gibt uns nun schon eine Leitung auf die erste und oberste Bedingung ihrer Möglichkeit: nämlich, es muß ihr irgend *eine reine Anschauung* zum Grunde liegen, in welcher sie alle ihre Begriffe in concreto, und dennoch a priori darstellen, oder, wie man es nennt, sie *konstruieren* kannSiehe Kritik S. 713 [B 741].. Können wir diese reine Anschauung, und die Möglichkeit einer solchen ausfinden, so erklärt sich daraus leicht, wie synthetische Sätze a priori in der reinen Mathematik, und mithin auch, wie diese Wissenschaft selbst möglich sei; denn, so wie die empirische Anschauung es ohne Schwierigkeit möglich macht, daß wir unseren Begriff, den wir uns von einem Objekt der Anschauung machen, durch neue Prädikate, die die Anschauung selbst darbietet, in der Erfahrung synthetisch erweitern, so wird es auch die reine Anschauung tun, nur mit dem Unterschiede: daß im letztern Falle das synthetische Urteil a priori gewiß und apodiktisch, im ersteren aber nur a posteriori und empirisch gewiß sein wird, weil diese nur das enthält, was in der zufälligen empirischen Anschauung angetroffen wird, jene aber, was in der reinen notwendig angetroffen werden muß, indem sie, als Anschauung a priori, mit dem Begriffe *vor aller Erfahrung* oder einzelnen Wahrnehmung unzertrennlich verbunden ist.

## *§ 8*

Allein die Schwierigkeit scheint bei diesem Schritte eher zu wachsen, als abzunehmen. Denn nunmehro lautet die Frage: *wie ist es möglich, etwas a priori anzuschauen?* Anschauung ist eine Vorstellung, so wie sie unmittelbar von der Gegenwart des Gegenstandes abhängen würde. Daher scheinet es unmöglich, *a priori ursprünglich* anzuschauen, weil die Anschauung alsdenn ohne einen weder vorher, noch jetzt gegenwärtigen Gegenstand, worauf sie sich bezöge, stattfinden müßte, und also nicht Anschauung sein könnte. Begriffe sind zwar von der Art, daß wir uns einige derselben, nämlich die, so nur das Denken eines Gegenstandes überhaupt enthalten, ganz wohl a priori machen können, ohne daß wir uns in einem unmittelbaren Verhältnisse zum Gegenstande befänden, z. B. den Begriff von Größe, von Ursach etc., aber selbst diese bedürfen doch, um ihnen Bedeutung und Sinn zu verschaffen, einen gewissen Gebrauch in concreto, d. i. Anwendung auf irgendeine Anschauung, dadurch uns ein Gegenstand derselben gegeben wird. Allein wie kann *Anschauung* des Gegenstandes vor dem Gegenstande selbst vorhergehen?

## *§ 9*

Müßte unsre Anschauung von der Art sein, daß sie Dinge vorstellte, *so wie sie an sich selbst sind,* so würde gar keine Anschauung a priori stattfinden, sondern sie wäre allemal empirisch. Denn was in dem Gegenstande an sich selbst enthalten sei, kann ich nur wissen, wenn er mir gegenwärtig und gegeben ist. Freilich ist es auch alsdenn unbegreiflich, wie die Anschauung einer gegenwärtigen Sache mir diese sollte zu erkennen geben, wie sie an sich ist, da ihre Eigenschaften nicht in meine Vorstellungskraft hinüberwandern können; allein die Möglichkeit davon eingeräumt, so würde doch dergleichen Anschauung nicht a priori stattfinden, d. i. ehe mir noch der Gegenstand vorgestellt würde: denn ohne das kann kein Grund der Beziehung meiner Vorstellung auf ihn erdacht werden, sie müßte denn auf Eingebung beruhen. Es ist also nur auf eine einzige Art möglich, daß meine Anschauung vor der Wirklichkeit des Gegenstandes vorhergehe, und als Erkenntnis a priori stattfinde, *wenn sie nämlich nichts anders enthält, als die Form der Sinnlichkeit, die in meinem Subjekt vor allen wirklichen Eindrücken vorhergeht, dadurch ich von Gegenständen affiziert werde.* Denn daß Gegenstände der Sinne dieser Form der Sinnlichkeit gemäß allein angeschaut werden können, kann ich a priori wissen. Hieraus folgt: daß Sätze, die bloß diese Form der sinnlichen Anschauung betreffen, von Gegenständen der Sinne möglich und gültig sein werden, imgleichen umgekehrt, daß Anschauungen, die a priori möglich sind, niemals andere Dinge, als Gegenstände unsrer Sinne betreffen können.

## *§ 10*

Also ist es nur die Form der sinnlichen Anschauung, dadurch wir a priori Dinge anschauen können, wodurch wir aber auch die Objekte nur erkennen, wie sie uns (unsern Sinnen) *erscheinen* können, nicht wie sie an sich sein mögen, und diese Voraussetzung ist schlechterdings notwendig, wenn synthetische Sätze a priori als möglich eingeräumt, oder im Falle sie wirklich angetroffen werden, ihre Möglichkeit begriffen und zum voraus bestimmt werden soll.

Nun sind Raum und Zeit diejenigen Anschauungen, welche die reine Mathematik allen ihren Erkenntnissen und Urteilen, die zugleich als apodiktisch und notwendig auftreten, zum Grunde legt; denn Mathematik muß alle ihre Begriffe zuerst in der Anschauung, und reine Mathematik in der reinen Anschauung darstellen, d. i. sie konstruieren, ohne welche (weil sie nicht analytisch, nämlich durch Zergliederung der Begriffe, sondern nur synthetisch verfahren kann) es ihr unmöglich ist, einen Schritt zu tun, solange ihr nämlich reine Anschauung fehlt, in der allein der Stoff zu synthetischen Urteilen a priori gegeben werden kann. Geometrie legt die reine Anschauung des Raums zum Grunde. Arithmetik bringt selbst ihre Zahlbegriffe durch successive Hinzusetzung der Einheiten in der Zeit zustande, vornehmlich aber reine Mechanik kann ihre Begriffe von Bewegung nur vermittelst der Vorstellung der Zeit zustande bringen. Beide Vorstellungen aber sind bloß Anschauungen; denn wenn man von den empirischen Anschauungen der Körper und ihrer Veränderungen (Bewegung) alles Empirische, nämlich was zur Empfindung gehört, wegläßt, so bleiben noch Raum und Zeit übrig, welche also reine Anschauungen sind, die jenen a priori zum Grunde liegen, und daher selbst niemals weggelassen werden können, aber ebendadurch, daß sie reine

Anschauungen a priori sind, beweisen, daß sie bloße Formen unserer Sinnlichkeit sind, die vor aller empirischen Anschauung, d. i. der Wahrnehmung wirklicher Gegenstände, vorhergehen müssen, und denen gemäß Gegenstände a priori erkannt werden können, aber freilich nur, wie sie uns erscheinen.

## § 11

Die Aufgabe des gegenwärtigen Abschnitts ist also aufgelöset. Reine Mathematik ist, als synthetische Erkenntnis a priori, nur dadurch möglich, daß sie auf keine andere als bloße Gegenstände der Sinne geht, deren empirischer Anschauung eine reine Anschauung (des Raums und der Zeit) und zwar a priori zum Grunde liegt, und darum zum Grunde liegen kann, weil diese nichts anders als die bloße Form der Sinnlichkeit ist, welche vor der wirklichen Erscheinung der Gegenstände vorhergeht, indem sie dieselbe in der Tat allererst möglich macht. Doch betrifft dieses Vermögen, a priori anzuschauen, nicht die Materie der Erscheinung, d. i. das, was in ihr Empfindung ist, denn diese macht das Empirische aus, sondern nur die Form derselben: Raum und Zeit. Wollte man im mindesten daran zweifeln, daß beide gar keine den Dingen an sich selbst, sondern nur bloße ihrem Verhältnisse zur Sinnlichkeit anhängende Bestimmungen sind, so möchte ich gerne wissen, wie man es möglich finden kann, a priori, und also vor aller Bekanntschaft mit den Dingen, ehe sie nämlich uns gegeben sind, zu wissen, wie ihre Anschauung beschaffen sein müsse, welches doch hier der Fall mit Raum und Zeit ist. Dieses ist aber ganz begreiflich, sobald beide vor nichts weiter, als formale Bedingungen unserer Sinnlichkeit, die Gegenstände aber bloß vor Erscheinungen gelten, denn alsdenn kann die Form der Erscheinung d. i. die reine Anschauung allerdings aus uns selbst d. i. a priori vorgestellt werden.

## § 12

Um etwas zur Erläuterung und Bestätigung beizufügen, darf man nur das gewöhnliche und unumgänglich notwendige Verfahren der Geometer ansehen. Alle Beweise von durchgängiger Gleichheit zweier gegebenen Figuren (da eine in allen Stücken an die Stelle der andern gesetzt werden kann) laufen zuletzt darauf hinaus, daß sie einander decken; welches offenbar nichts anders, als ein auf der unmittelbaren Anschauung beruhender synthetischer Satz ist, und diese Anschauung muß rein und a priori gegeben werden, denn sonst könnte jener Satz nicht vor apodiktisch gewiß gelten, sondern hätte nur empirische Gewißheit. Es würde nur heißen: man bemerkt es jederzeit so, und er gilt nur so weit, als unsre Wahrnehmung bis dahin sich erstreckt hat. Daß der vollständige Raum (der selbst keine Grenze eines anderen Raumes mehr ist) drei Abmessungen habe, und Raum überhaupt auch nicht mehr derselben haben könne, wird auf den Satz gebaut, daß sich in einem Punkte nicht mehr als drei Linien rechtwinklicht schneiden können; dieser Satz aber kann gar nicht aus Begriffen dargetan werden, sondern beruht unmittelbar auf Anschauung, und zwar reiner a priori, weil er apodiktisch gewiß ist; daß man verlangen kann, eine Linie solle ins Unendliche gezogen (in indefinitum), oder eine Reihe Veränderungen (z. B. durch Bewegung zurückgelegte Räume) solle ins Unendliche fortgesetzt werden, setzt doch eine Vorstellung des Raumes und der Zeit voraus, die bloß an der Anschauung hängen kann, nämlich sofern sie an sich durch nichts begrenzt ist; denn aus Begriffen könnte sie nie geschlossen werden. Also liegen doch wirklich der Mathematik reine Anschauungen a priori zum Grunde, welche ihre synthetische und apodiktisch geltende Sätze möglich machen, und daher erklärt unsere transszendentale Deduktion der Begriffe von Raum und Zeit zugleich die Möglichkeit einer reinen Mathematik, die, ohne eine solche Deduktion, und, ohne daß wir annehmen, "alles, was unsern Sinnen gegeben werden mag (den äußeren im Raume, dem inneren in der Zeit), werde von uns nur angeschauet, wie es uns erscheinet, nicht wie es an sich selbst ist," zwar eingeräumt, aber keineswegs eingesehen werden könnte.

### *§ 13*

Diejenigen, welche noch nicht von dem Begriffe loskommen können, als ob Raum und Zeit wirkliche Beschaffenheiten wären, die den Dingen an sich selbst anhingen, können ihre Scharfsinnigkeit an folgendem Paradoxon üben, und, wenn sie dessen Auflösung vergebens versucht haben, wenigstens auf einige Augenblicke von Vorurteilen frei, vermuten, daß doch vielleicht die Abwürdigung des Raumes und der Zeit zu bloßen Formen unsrer sinnlichen Anschauung Grund haben möge.

Wenn zwei Dinge in allen Stücken, die an jedem vor sich nur immer können erkannt werden (in allen zur Größe und Qualität gehörigen Bestimmungen) völlig einerlei sind, so muß doch folgen, daß eins in allen Fällen und Beziehungen an die Stelle des andern könne gesetzt werden, ohne daß diese Vertauschung den mindesten kenntlichen Unterschied verursachen würde. In der Tat verhält sich dies auch so mit ebenen Figuren in der Geometrie; allein verschiedene sphärische zeigen, ohnerachtet jener völligen innern

Übereinstimmung, doch eine solche Verschiedenheit im äußeren Verhältnis, daß sich eine an die Stelle der andern gar nicht setzen läßt, z. B. zwei sphärische Triangel von beiden Hemisphären, die einen Bogen des Äquators zur gemeinschaftlichen Basis haben, können völlig gleich sein, in Ansehung der Seiten sowohl als Winkel, so daß an keinem, wenn er allein und zugleich vollständig beschrieben wird, nichts angetroffen wird, was nicht zugleich in der Beschreibung des andern läge, und dennoch kann einer nicht an die Stelle des andern (nämlich auf dem entgegengesetzten Hemisphär) gesetzt werden, und hier ist denn doch eine *innere* Verschiedenheit beider Triangel, die kein Verstand als innerlich angeben kann, und die sich nur durch das äußere Verhältnis im Raume offenbaret. Allein ich will gewöhnlichere Fälle anführen, die aus dem gemeinen Leben genommen werden können.

Was kann wohl meiner Hand oder meinem Ohr ähnlicher, und in allen Stücken gleicher sein, als ihr Bild im Spiegel? Und dennoch kann ich eine solche Hand, als im Spiegel gesehen wird, nicht an die Stelle ihres Urbildes setzen; denn wenn dieses eine rechte Hand war, so ist jene im Spiegel eine linke, und das Bild des rechten Ohres ist ein linkes, das nimmermehr die Stelle des ersteren vertreten kann. Nun sind hier keine innre Unterschiede, die irgendein Verstand nur denken könnte; und dennoch sind die Unterschiede innerlich, soweit die Sinne lehren, denn die linke Hand kann mit der rechten, ohnerachtet aller beiderseitigen Gleichheit und Ähnlichkeit, doch nicht zwischen denselben Grenzen eingeschlossen sein, (sie können nicht kongruieren) der Handschuh der einen Hand kann nicht auf der andern gebraucht werden. Was ist nun die Auflösung? Diese Gegenstände sind nicht etwa Vorstellungen der Dinge, wie sie an sich selbst sind, und wie sie der pure Verstand erkennen würde, sondern es sind sinnliche Anschauungen, d. i. Erscheinungen, deren Möglichkeit auf dem Verhältnisse gewisser an sich unbekannten Dinge zu etwas anderem, nämlich unserer Sinnlichkeit beruht. Von dieser ist nun der Raum die Form der äußern Anschauung, und die innere Bestimmung eines jeden Raumes ist nur durch die Bestimmung des äußeren Verhältnisses zu dem ganzen Raume, davon jener ein Teil ist, (dem Verhältnisse zum äußeren Sinne) d. i. der Teil ist nur durchs Ganze möglich, welches bei Dingen an sich selbst, als Gegenständen des bloßen Verstandes niemals, wohl aber bei bloßen Erscheinungen stattfindet. Wir können daher auch den Unterschied ähnlicher und gleicher, aber doch inkongruenter Dinge (z. B. widersinnig gewundener Schnecken) durch keinen einzigen Begriff verständlich machen, sondern nur durch das Verhältnis zur rechten und linken Hand, welches unmittelbar auf Anschauung geht.

### Anmerkung I

Die reine Mathematik, und namentlich die reine Geometrie, kann nur unter der Bedingung allein objektive Realität haben, daß sie bloß auf Gegenstände der Sinne geht, in Ansehung deren aber der Grundsatz feststeht: daß unsre sinnliche Vorstellung keinesweges eine Vorstellung der Dinge an sich selbst, sondern nur der Art sei, wie sie uns erscheinen. Daraus folgt, daß die Sätze der Geometrie nicht etwa Bestimmungen eines bloßen Geschöpfs unserer dichtenden Phantasie, und also nicht mit Zuverlässigkeit auf wirkliche Gegenstände könnten bezogen werden, sondern daß sie notwendiger Weise vom Raume und darum auch von allem, was im Raume angetroffen werden mag, gelten, weil der Raum nichts anders ist, als die Form aller äußeren Erscheinungen, unter der uns allein Gegenstände der Sinne gegeben werden können. Die Sinnlichkeit, deren Form die Geometrie zum Grunde legt, ist das, worauf die Möglichkeit äußerer Erscheinungen beruht; diese also können niemals etwas anderes enthalten, als was die Geometrie ihnen vorschreibt. Ganz anders würde es sein, wenn die Sinne die Objekte vorstellen müßten, wie sie an sich selbst sind. Denn da würde aus der Vorstellung vom Raume, die der Geometer a priori mit allerlei Eigenschaften desselben zum Grunde legt, noch gar nicht folgen, daß alles dieses samt dem, was daraus gefolgert wird, sich gerade so in der Natur verhalten müsse. Man würde den Raum des Geometers vor bloße Erdichtung halten und ihm keine objektive Gültigkeit zutrauen; weil man gar nicht einsieht, wie Dinge notwendig mit dem Bilde, das wir uns von selbst und zum voraus von ihnen machen, übereinstimmen müßten. Wenn aber dieses Bild, oder vielmehr diese formale Anschauung, die wesentliche Eigenschaft unserer Sinnlichkeit ist, vermittelst deren uns allein Gegenstände gegeben werden, diese Sinnlichkeit aber nicht Dinge an sich selbst, sondern nur ihre Erscheinungen vorstellt, so ist ganz leicht zu begreifen, und zugleich unwidersprechlich bewiesen: daß alle äußere Gegenstände unsrer Sinnenwelt notwendig mit den Sätzen der Geometrie nach aller Pünktlichkeit übereinstimmen müssen, weil die Sinnlichkeit durch ihre Form äußerer Anschauung, (den Raum) womit sich der Geometer beschäftigt, jene Gegenstände, als bloße Erscheinungen selbst allererst möglich macht. Es wird allemal ein bemerkungswürdiges Phänomen in der Geschichte der Philosophie bleiben, daß es eine Zeit gegeben hat, da selbst Mathematiker, die zugleich Philosophen waren, zwar nicht an der Richtigkeit ihrer geometrischen

Sätze, sofern sie bloß den Raum beträfen, aber an der objektiven Gültigkeit und Anwendung dieses Begriffs selbst und aller geometrischen Bestimmungen desselben auf Natur zu zweifeln anfingen, da sie besorgten, eine Linie in der Natur möchte doch wohl aus physischen Punkten, mithin der wahre Raum im Objekte aus einfachen Teilen bestehen, obgleich der Raum, den der Geometer in Gedanken hat, daraus keinesweges bestehen kann. Sie erkannten nicht, daß dieser Raum in Gedanken den physischen d. i. die Ausdehnung der Materie selbst möglich mache: daß dieser gar keine Beschaffenheit der Dinge an sich selbst, sondern nur eine Form unserer sinnlichen Vorstellungskraft sei: daß alle Gegenstände im Raume bloße Erscheinungen, d. i. nicht Dinge an sich selbst, sondern Vorstellungen unsrer sinnlichen Anschauung seien, und, da der Raum, wie ihn sich der Geometer denkt, ganz genau die Form der sinnlichen Anschauung ist, die wir a priori in uns finden, und die den Grund der Möglichkeit aller äußern Erscheinungen (ihrer Form nach) enthält, diese notwendig und auf das präziseste mit den Sätzen des Geometers, die er aus keinem erdichteten Begriff, sondern aus der subjektiven Grundlage aller äußern Erscheinungen, nämlich der Sinnlichkeit selbst zieht, zusammenstimmen müssen. Auf solche und keine andre Art kann der Geometer wider alle Schikanen einer seichten Metaphysik, wegen der ungezweifelten objektiven Realität seiner Sätze gesichert werden, so befremdend sie auch dieser, weil sie nicht bis zu den Quellen ihrer Begriffe zurückgeht, scheinen müssen.

### Anmerkung II

Alles, was uns als Gegenstand gegeben werden soll, muß uns in der Anschauung gegeben werden. Alle unsere Anschauung geschieht aber nur vermittelst der Sinne; der Verstand schauet nichts an, sondern reflektiert nur. Da nun die Sinne nach dem jetzt Erwiesenen uns niemals und in keinem einzigen Stück die Dinge an sich selbst, sondern nur ihre Erscheinungen zu erkennen geben, diese aber bloße Vorstellungen der Sinnlichkeit sind, "so müssen auch alle Körper mitsamt dem Raume, darin sie sich befinden, vor nichts als bloße Vorstellungen in uns gehalten werden, und existieren nirgend anders, als bloß in unsern Gedanken." Ist dieses nun nicht der offenbare Idealismus?

Der Idealismus besteht in der Behauptung, daß es keine andere als denkende Wesen gebe, die übrige Dinge, die wir in der Anschauung wahrzunehmen glauben, wären nur Vorstellungen in den denkenden Wesen, denen in der Tat kein außerhalb diesen befindlicher Gegenstand korrespondierete. Ich dagegen sage: es sind uns Dinge als außer uns befindliche Gegenstände unserer Sinne gegeben, allein von dem, was sie an sich selbst sein mögen, wissen wir nichts, sondern kennen nur ihre Erscheinungen, d. i. die Vorstellungen, die sie in uns wirken, indem sie unsere Sinne affizieren. Demnach gestehe ich allerdings, daß es außer uns Körper gebe, d. i. Dinge, die, obzwar nach dem, was sie an sich selbst sein mögen, uns gänzlich unbekannt, wir durch die Vorstellungen kennen, welche ihr Einfluß auf unsre Sinnlichkeit uns verschafft, und denen wir die Benennung eines Körpers geben, welches Wort also bloß die Erscheinung jenes uns unbekannten, aber nichtsdestoweniger wirklichen Gegenstandes bedeutet. Kann man dieses wohl Idealismus nennen? Es ist ja gerade das Gegenteil davon.

Daß man, unbeschadet der wirklichen Existenz äußerer Dinge von einer Menge ihrer Prädikate sagen könne: sie gehöreten nicht zu diesen Dingen an sich selbst, sondern nur zu ihren Erscheinungen, und hätten außer unserer Vorstellung keine eigene Existenz, ist etwas, was schon lange vor LOCKES Zeiten, am meisten aber nach diesen, allgemein angenommen und zugestanden ist. Dahin gehören die Wärme, die Farbe, der Geschmack etc. Daß ich aber noch über diese, aus wichtigen Ursachen, die übrigen Qualitäten der Körper, die man primarias nennt, die Ausdehnung, den Ort, und überhaupt den Raum, mit allem was ihm anhängig ist, (Undurchdringlichkeit oder Materialität, Gestalt etc.) auch mit zu bloßen Erscheinungen zähle, dawider kann man nicht den mindesten Grund der Unzulässigkeit anführen, und so wenig, wie der, so die Farben nicht als Eigenschaften, die dem Objekt an sich selbst, sondern nur dem Sinn des Sehens als Modifikationen anhängen, will gelten lassen, darum ein Idealist heißen kann: so wenig kann mein Lehrbegriff idealistisch heißen, bloß deshalb, weil ich finde, daß noch mehr, *ja alle Eigenschaften, die die Anschauung eines Körpers ausmachen,* bloß zu seiner Erscheinung gehören; denn die Existenz des Dinges, was erscheint, wird dadurch nicht wie beim wirklichen Idealism aufgehoben, sondern nur gezeigt, daß wir es, wie es an sich selbst sei, durch Sinne gar nicht erkennen können.

Ich möchte gerne wissen, wie denn meine Behauptungen beschaffen sein müßten, damit sie nicht einen Idealism enthielten. Ohne Zweifel müßte ich sagen: daß die Vorstellung vom Raume nicht bloß dem Verhältnisse, was unsre Sinnlichkeit zu den Objekten hat, vollkommen gemäß sei, denn das habe ich gesagt, sondern daß sie sogar dem Objekt völlig ähnlich sei; eine Behauptung, mit der ich keinen Sinn verbinden kann, so wenig, als daß die Empfindung des Roten mit der Eigenschaft des Zinnobers, der diese Empfindung in mir erregt, eine Ähnlichkeit habe.

## Anmerkung III

Hieraus läßt sich nun ein leicht vorherzusehender, aber nichtiger, Einwurf gar leicht abweisen: "daß nämlich durch die Idealität des Raums und der Zeit die ganze Sinnenwelt in lauter Schein verwandelt werden würde." Nachdem man nämlich zuvörderst alle philosophische Einsicht von der Natur der sinnlichen Erkenntnis dadurch verdorben hatte, daß man die Sinnlichkeit bloß in einer verworrenen Vorstellungsart setzte, nach der wir die Dinge immer noch erkenneten, wie sie sind, nur ohne das Vermögen zu haben, alles in dieser unseren Vorstellung zum klaren Bewußtsein zu bringen: dagegen von uns bewiesen worden, daß Sinnlichkeit nicht in diesem logischen Unterschiede der Klarheit oder Dunkelheit, sondern in dem genetischen des Ursprungs der Erkenntnis selbst, bestehe, da sinnliche Erkenntnis die Dinge gar nicht vorstellt, wie sie sind, sondern nur die Art, wie sie unsere Sinne affizieren, und also daß durch sie bloß Erscheinungen, nicht die Sachen selbst dem Verstande zur Reflexion gegeben werden: nach dieser notwendigen Berichtigung regt sich ein aus unverzeihlicher und beinahe vorsätzlicher Mißdeutung entspringender Einwurf, als wenn mein Lehrbegriff alle Dinge der Sinnenwelt in lauter Schein verwandelte.

Wenn uns Erscheinung gegeben ist, so sind wir noch ganz frei, wie wir die Sache daraus beurteilen wollen. Jene, nämlich Erscheinung, beruhete auf den Sinnen, diese Beurteilung aber auf dem Verstande, und es frägt sich nur, ob in der Bestimmung des Gegenstandes Wahrheit sei oder nicht. Der Unterschied aber zwischen Wahrheit und Traum wird nicht durch die Beschaffenheit der Vorstellungen, die auf Gegenstände bezogen werden, ausgemacht, denn die sind in beiden einerlei, sondern durch die Verknüpfung derselben nach denen Regeln, welche den Zusammenhang der Vorstellungen in dem Begriffe eines Objekts bestimmen, und wie fern sie in einer Erfahrung beisammen stehen können oder nicht. Und da liegt es gar nicht an den Erscheinungen, wenn unsere Erkenntnis den Schein vor Wahrheit nimmt, d. i. wenn Anschauung, wodurch uns ein Objekt gegeben wird, vor Begriff vom Gegenstande, oder auch der Existenz desselben, die der Verstand nur denken kann, gehalten wird. Den Gang der Planeten stellen uns die Sinne bald rechtläufig, bald rückläufig vor, und hierin ist weder Falschheit noch Wahrheit, weil, so lange man sich bescheidet, daß dieses vorerst nur Erscheinung ist, man über die objektive Beschaffenheit ihrer Bewegung noch gar nicht urteilt. Weil aber, wenn der Verstand nicht wohl darauf Acht hat zu verhüten, daß diese subjektive Vorstellungsart nicht vor objektiv gehalten werde, leichtlich ein falsches Urteil entspringen kann, so sagt man: sie scheinen zurückzugehen; allein der Schein kommt nicht auf Rechnung der Sinne, sondern des Verstandes, dem es allein zukommt, aus der Erscheinung ein objektives Urteil zu fällen.

Auf solche Weise, wenn wir auch gar nicht über den Ursprung unserer Vorstellungen nachdächten, und unsre Anschauungen der Sinne, sie mögen enthalten was sie wollen, im Raume und Zeit nach Regeln des Zusammenhanges aller Erkenntnis in einer Erfahrung verknüpfen; so kann, nachdem wir unbehutsam oder vorsichtig sind, trüglicher Schein oder Wahrheit entspringen; das geht lediglich den Gebrauch sinnlicher Vorstellungen im Verstande, und nicht ihren Ursprung an. Ebenso, wenn ich alle Vorstellungen der Sinne samt ihrer Form, nämlich Raum und Zeit, vor nichts als Erscheinungen, und die letztern vor eine bloße Form der Sinnlichkeit halte, die außer ihr an den Objekten gar nicht angetroffen wird, und ich bediene mich derselben Vorstellungen nur in Beziehung auf mögliche Erfahrung, so ist darin nicht die mindeste Verleitung zum Irrtum oder ein Schein enthalten, daß ich sie vor bloße Erscheinungen halte; denn sie können dessen ungeachtet nach Regeln der Wahrheit in der Erfahrung richtig zusammenhängen. Auf solche Weise gelten alle Sätze der Geometrie vom Raume ebensowohl von allen Gegenständen der Sinne, mithin in Ansehung aller möglichen Erfahrung, ob ich den Raum als eine bloße Form der Sinnlichkeit, oder als etwas an den Dingen selbst haftendes ansehe; wiewohl ich im ersteren Falle allein begreifen kann, wie es möglich sei, jene Sätze von allen Gegenständen der äußeren Anschauung a priori zu wissen; sonst bleibt in Ansehung aller nur möglichen Erfahrung alles ebenso, wie wenn ich diesen Abfall von der gemeinen Meinung gar nicht unternommen hätte.

Wage ich es aber mit meinen Begriffen von Raum und Zeit über alle mögliche Erfahrung hinauszugehen, welches unvermeidlich ist, wenn ich sie vor Beschaffenheiten ausgebe, die den Dingen an sich selbst anhingen, (denn was sollte mich da hindern, sie auch von ebendenselben Dingen, meine Sinnen möchten nun auch anders eingerichtet sein, und vor sie passen oder nicht, dennoch gelten zu lassen? ) alsdenn kann ein wichtiger Irrtum entspringen, der auf einem Scheine beruht, da ich das, was eine bloß meinem Subjekt anhangende Bedingung der Anschauung der Dinge war, und sicher vor alle Gegenstände der Sinne, mithin alle nur mögliche Erfahrung galt, vor allgemein gültig ausgab, weil ich sie auf die Dinge an sich selbst bezog, und nicht auf Bedingungen der Erfahrung einschränkte.

Also ist es so weit gefehlt, daß meine Lehre von der Idealität des Raumes und der Zeit die ganze Sinnenwelt zum bloßen Scheine mache, daß sie vielmehr das einzige Mittel ist, die Anwendung einer der allerwichtigsten Erkenntnisse, nämlich derjenigen, welche Mathematik a priori vorträgt, auf wirkliche Gegenstände zu sicheren, und zu verhüten, daß sie nicht vor bloßen Schein gehalten werde, weil ohne diese Bemerkung es ganz unmöglich wäre auszumachen, ob nicht die Anschauungen von Raum und Zeit, die wir von keiner Erfahrung entlehnen, und die dennoch in unserer Vorstellung a priori liegen, bloße selbstgemachte Hirngespinste wären, denen gar kein Gegenstand, wenigstens nicht adäquat, korrespondierte, und also Geometrie selbst ein bloßer Schein sei, dagegen ihre unstreitige Gültigkeit in Ansehung aller Gegenstände der Sinnenwelt, eben darum, weil diese bloße Erscheinungen sind, von uns hat dargetan werden können.

Es ist zweitens so weit gefehlt, daß diese meine Prinzipien darum, weil sie aus den Vorstellungen der Sinne Erscheinungen machen, statt der Wahrheit der Erfahrung sie in bloßen Schein verwandeln sollten, daß sie vielmehr das einzige Mittel sind, den transszendentalen Schein zu verhüten, wodurch Metaphysik von jeher getäuscht, und eben dadurch zu den kindischen Bestrebungen verleitet worden, nach Seifenblasen zu haschen, weil man Erscheinungen, die doch bloße Vorstellungen sind, vor Sachen an sich selbst nahm, woraus alle jene merkwürdige Auftritte der Antinomie der Vernunft erfolgt sind, davon ich weiterhin Erwähnung tun werde, und die durch jene einzige Bemerkung gehoben wird: daß Erscheinung, so lange als sie in der Erfahrung gebraucht wird, Wahrheit, sobald sie aber über die Grenze derselben hinausgeht und transszendent wird, nichts als lauter Schein hervorbringt.

Da ich also den Sachen, die wir uns durch Sinne vorstellen, ihre Wirklichkeit lasse, und nur unsre sinnliche Anschauung von diesen Sachen dahin einschränke, daß sie in gar keinem Stücke, selbst nicht in den reinen Anschauungen von Raum und Zeit, etwas mehr als bloß Erscheinung jener Sachen, niemals aber die Beschaffenheit derselben an ihnen selbst vorstellen, so ist dies kein der Natur von mir angedichteter durchgängiger Schein, und meine Protestation wider alle Zumutung eines Idealism ist so bündig und einleuchtend, daß sie sogar überflüssig scheinen würde, wenn es nicht unbefugte Richter gäbe, die, indem sie vor jede Abweichung von ihrer verkehrten obgleich gemeinen Meinung gerne einen alten Namen haben möchten, und niemals über den Geist der philosophischen Benennungen urteilen, sondern bloß am Buchstaben hingen, bereit ständen, ihren eigenen Wahn an die Stelle wohl bestimmter Begriffe zu setzen, und diese dadurch zu verdrehen und zu verunstalten. Denn daß ich selbst dieser meiner Theorie den Namen eines transszendentalen Idealisms gegeben habe, kann keinen berechtigen, ihn mit dem empirischen Idealism DESCARTES (wiewohl dieser nur eine Aufgabe war, wegen deren Unauflöslichkeit es, nach CARTESENS Meinung, jedermann frei stand, die Existenz der körperlichen Welt zu verneinen, weil sie niemals gnugtuend beantwortet werden könnte), oder mit dem mystischen und schwärmerischen des BERKELEY (wowider und andre ähnliche Hirngespinste unsre Kritik vielmehr das eigentliche Gegenmittel enthält) zu verwechseln. Denn dieser von mir sogenannte Idealism betraf nicht die Existenz der Sachen, (die Bezweifelung derselben aber macht eigentlich den Idealism in rezipierter Bedeutung aus) denn die zu bezweifeln, ist mir niemals in den Sinn gekommen, sondern bloß die sinnliche Vorstellung der Sachen, dazu Raum und Zeit zuoberst gehören, und von diesen, mithin überhaupt von allen *Erscheinungen*, habe ich nur gezeigt: daß sie nicht Sachen, (sondern bloße Vorstellungsarten) auch nicht den Sachen an sich selbst angehörige Bestimmungen sind. Das Wort transszendental aber, welches bei mir niemals eine Beziehung unserer Erkenntnis auf Dinge, sondern nur aufs *Erkenntnisvermögen* bedeutet, sollte diese Mißdeutung verhüten. Ehe sie aber dieselbe doch noch fernerhin veranlasse, nehme ich diese Benennung lieber zurück und will ihn den kritischen genannt wissen. Wenn es aber ein in der Tat verwerflicher Idealism ist, wirkliche Sachen, (nicht Erscheinungen) in bloße Vorstellungen zu verwandeln, mit welchem Namen will man denjenigen benennen, der umgekehrt bloße Vorstellungen zu Sachen macht? Ich denke, man könne ihn den *träumenden* Idealism nennen, zum Unterschiede von dem vorigen, der der *schwärmende* heißen mag, welche beide durch meinen, sonst sogenannten transszendentalen, besser *kritischen* Idealism haben abgehalten werden sollen.

# Der transszendentalen Hauptfrage
# Zweiter Teil
# Wie ist reine Naturwissenschaft möglich?

## § 14

*Natur* ist das *Dasein* der Dinge, sofern es nach allgemeinen Gesetzen bestimmt ist. Sollte Natur das Dasein der Dinge *an sich selbst* bedeuten, so würden wir sie niemals, weder a priori noch a posteriori, erkennen können. Nicht a priori, denn wie wollen wir wissen, was den Dingen an sich selbst zukomme, da dieses niemals durch Zergliederung unserer Begriffe (analytische Sätze) geschehen kann, weil ich nicht wissen will, was in meinem Begriffe von einem Dinge enthalten sei, (denn das gehört zu seinem logischen Wesen) sondern was in der Wirklichkeit des Dinges zu diesem Begriff hinzukomme, und wodurch das Ding selbst in seinem Dasein außer meinem Begriffe bestimmt sei. Mein Verstand, und die Bedingungen, unter denen er allein die Bestimmungen der Dinge in ihrem Dasein verknüpfen kann, schreibt den Dingen selbst keine Regel vor; diese richten sich nicht nach meinem Verstande, sondern mein Verstand müßte sich nach ihnen richten; sie müßten also mir vorher gegeben sein, um diese Bestimmungen von ihnen abzunehmen, alsdenn aber wären sie nicht a priori erkannt.

Auch a posteriori wäre eine solche Erkenntnis der Natur der Dinge an sich selbst unmöglich. Denn wenn mich Erfahrung *Gesetze*, unter denen das Dasein der Dinge steht, lehren soll, so müßten diese, sofern sie Dinge an sich selbst betreffen, auch außer meiner Erfahrung ihnen *notwendig* zukommen. Nun lehrt mich die Erfahrung zwar, was da sei, und wie es sei, niemals aber, daß es notwendiger Weise so und nicht anders sein müsse. Also kann sie die Natur der Dinge an sich selbst niemals lehren.

## § 15

Nun sind wir gleichwohl wirklich im Besitze einer reinen Naturwissenschaft, die a priori und mit aller derjenigen Notwendigkeit, welche zu apodiktischen Sätzen erforderlich ist, Gesetze vorträgt, unter denen die Natur steht. Ich darf hier nur diejenige Propädeutik der Naturlehre, die, unter dem Titel der allgemeinen Naturwissenschaft, vor aller Physik (die auf empirische Prinzipien gegründet ist) vorhergeht, zum Zeugen rufen. Darin findet man Mathematik, angewandt auf Erscheinungen, auch bloß diskursive Grundsätze (aus Begriffen), welche den philosophischen Teil der reinen Naturerkenntnis ausmachen. Allein es ist doch auch manches in ihr, was nicht ganz rein und von Erfahrungsquellen unabhängig ist: als der Begriff der *Bewegung*, der *Undurchdringlichkeit* (worauf der empirische Begriff der Materie beruht), der *Trägheit* u. a. m. welche es verhindern, daß sie nicht ganz reine Naturwissenschaft heißen kann; zudem geht sie nur auf die Gegenstände äußerer Sinne, also gibt sie kein Beispiel von einer allgemeinen Naturwissenschaft in strenger Bedeutung, denn die muß die Natur überhaupt, sie mag den Gegenstand äußerer Sinne oder den des innern Sinnes (den Gegenstand der Physik sowohl als Psychologie) betreffen, unter allgemeine Gesetze bringen. Es finden sich aber unter den Grundsätzen jener allgemeinen Physik etliche, die wirklich die Allgemeinheit haben, die wir verlangen, als der Satz: *daß die Substanz bleibt* und beharrt, daß *alles, was geschieht*, jederzeit *durch eine Ursache* nach beständigen Gesetzen vorher *bestimmt sei*, u. s. w. Diese sind wirklich allgemeine Naturgesetze, die völlig a priori bestehen. Es gibt also in der Tat eine reine Naturwissenschaft, und nun ist die Frage: *wie ist sie möglich*?

## *§ 16*

Noch nimmt das Wort *Natur* eine andre Bedeutung an, die nämlich das *Objekt* bestimmt, indessen daß in der obigen Bedeutung sie nur die *Gesetzmäßigkeit* der Bestimmungen des Daseins der Dinge überhaupt andeutete. Natur also materialiter betrachtet ist der *Inbegriff aller Gegenstände der Erfahrung*. Mit dieser haben wir es hier nur zu tun, da ohnedem Dinge, die niemals Gegenstände einer Erfahrung werden können, wenn sie nach ihrer Natur erkannt werden sollten, uns zu Begriffen nötigen würden, deren Bedeutung niemals in concreto (in irgend einem Beispiele einer möglichen Erfahrung) gegeben werden könnte, und von deren Natur wir uns also lauter Begriffe machen müßten, deren Realität, d. i. ob sie wirklich sich auf Gegenstände beziehen, oder bloße Gedankendinge sind, gar nicht entschieden werden könnte. Was nicht ein Gegenstand der Erfahrung sein kann, dessen Erkenntnis wäre hyperphysisch, und mit dergleichen haben wir hier gar nicht zu tun, sondern mit der Naturerkenntnis, deren Realität durch Erfahrung bestätigt werden kann, ob sie gleich a priori möglich ist, und vor aller Erfahrung vorhergeht.

## § 17

Das *Formale* der Natur in dieser engern Bedeutung ist also die Gesetzmäßigkeit aller Gegenstände der Erfahrung, und, sofern sie a priori erkannt wird, die *notwendige* Gesetzmäßigkeit derselben. Es ist aber eben dargetan: daß die Gesetze der Natur an Gegenständen, sofern sie nicht in Beziehung auf mögliche Erfahrung, sondern als Dinge an sich selbst betrachtet werden, niemals a priori können erkannt werden. Wir haben es aber hier auch nicht mit Dingen an sich selbst (dieser ihre Eigenschaften lassen wir dahingestellt sein) sondern bloß mit Dingen, als Gegenständen einer möglichen Erfahrung zu tun, und der Inbegriff derselben ist es eigentlich, was wir hier Natur nennen. Und nun frage ich, ob, wenn von der Möglichkeit einer Naturerkenntnis a priori die Rede ist, es besser sei, die Aufgabe so einzurichten: wie ist die notwendige Gesetzmäßigkeit der *Dinge* als Gegenstände *der Erfahrung*, oder: wie ist die notwendige Gesetzmäßigkeit der Erfahrung selbst in Ansehung ihrer Gegenstände überhaupt a priori zu erkennen möglich?

Beim Lichte besehen, wird die Auflösung der Frage, sie mag auf die eine oder die andre Art vorgestellt sein, in Ansehung der reinen Naturerkenntnis (die eigentlich den Punkt der Quästion ausmacht) ganz und gar auf einerlei hinauslaufen. Denn die subjektiven Gesetze, unter denen allein eine Erfahrungserkenntnis von Dingen möglich ist, gelten auch von diesen Dingen, als Gegenständen einer möglichen Erfahrung, (freilich aber nicht von ihnen als Dingen an sich selbst, dergleichen aber hier auch in keine Betrachtung kommen). Es ist gänzlich einerlei, ob ich sage: ohne das Gesetz, daß, wenn eine Begebenheit wahrgenommen wird, sie jederzeit auf etwas, was vorhergeht, bezogen werde, worauf sie nach einer allgemeinen Regel folgt, kann niemals ein Wahrnehmungsurteil für Erfahrung gelten; oder ob ich mich so ausdrücke: alles, wovon die Erfahrung lehrt, daß es geschieht, muß eine Ursache haben.

Es ist indessen doch schicklicher, die erstere Formel zu wählen. Denn da wir wohl a priori und vor allen gegebenen Gegenständen eine Erkenntnis derjenigen Bedingungen haben können, unter denen allein eine Erfahrung in Ansehung ihrer möglich ist, niemals aber, welchen Gesetzen sie, ohne Beziehung auf mögliche Erfahrung an sich selbst unterworfen sein mögen, so werden wir die Natur der Dinge a priori nicht anders studieren können, als daß wir die Bedingungen und allgemeine (obgleich subjektive) Gesetze erforschen, unter denen allein ein solches Erkenntnis, als Erfahrung, (der bloßen Form nach) möglich ist, und darnach die Möglichkeit der Dinge, als Gegenstände der

Erfahrung, bestimmen; denn, würde ich die zweite Art des Ausdrucks wählen, und die Bedingungen a priori suchen, unter denen Natur als *Gegenstand* der Erfahrung möglich ist, so würde ich leichtlich in Mißverstand geraten können und mir einbilden, ich hätte von der Natur als einem Dinge an sich selbst zu reden, und da würde ich fruchtlos in endlosen Bemühungen herumgetrieben werden, vor Dinge, von denen mir nichts gegeben ist, Gesetze zu suchen.

Wir werden es also hier bloß mit der Erfahrung und den allgemeinen und a priori gegebenen Bedingungen ihrer Möglichkeit zu tun haben, und daraus die Natur, als den ganzen Gegenstand aller möglichen Erfahrung, bestimmen. Ich denke, man werde mich verstehen: daß ich hier nicht die Regeln der *Beobachtung* einer Natur, die schon gegeben ist, verstehe, die setzen schon Erfahrung voraus, also nicht, wie wir (durch Erfahrung) der Natur die Gesetze ablernen können, denn diese wären alsdenn nicht Gesetze a priori, und gäben keine reine Naturwissenschaft, sondern wie die Bedingungen a priori von der Möglichkeit der Erfahrung zugleich die Quellen sind, aus denen alle allgemeine Naturgesetze hergeleitet werden müssen.

### *§ 18*

Wir müssen denn also zuerst bemerken: daß, obgleich alle Erfahrungsurteile empirisch sind, d. i. ihren Grund in der unmittelbaren Wahrnehmung der Sinne haben, dennoch nicht umgekehrt alle empirische Urteile darum Erfahrungsurteile sind, sondern, daß über das Empirische, und überhaupt über das der sinnlichen Anschauung Gegebene, noch besondere Begriffe hinzukommen müssen, die ihren Ursprung gänzlich a priori im reinen Verstande haben, unter die jede Wahrnehmung allererst subsumiert, und dann vermittelst derselben in Erfahrung kann verwandelt werden.

*Empirische Urteile, sofern sie objektive Gültigkeit haben,* sind **Erfahrungsurteile**; die aber, so *nur subjektiv gültig* sind, nenne ich bloße **Wahrnehmungsurteile**. Die letztern bedürfen keines reinen Verstandesbegriffs, sondern nur der logischen Verknüpfung der Wahrnehmungen in einem denkenden Subjekt. Die ersteren aber erfordern jederzeit, über die Vorstellungen der sinnlichen Anschauung, noch besondere *im Verstande ursprünglich erzeugte Begriffe*, welche es eben machen, daß das Erfahrungsurteil *objektiv gültig* ist.

Alle unsere Urteile sind zuerst bloße Wahrnehmungsurteile: sie gelten bloß für uns, d. i. für unser Subjekt, und nur hintennach geben wir ihnen eine neue

Beziehung, nämlich auf ein Objekt und wollen, daß es auch für uns jederzeit und eben so für jedermann gültig sein solle; denn wenn ein Urteil mit einem Gegenstande übereinstimmt, so müssen alle Urteile über denselben Gegenstand auch unter einander übereinstimmen, und so bedeutet die objektive Gültigkeit des Erfahrungsurteils nichts anders, als die notwendige Allgemeingültigkeit desselben. Aber auch umgekehrt, wenn wir Ursache finden, ein Urteil vor notwendig allgemeingültig zu halten (welches niemals auf der Wahrnehmung, sondern dem reinen Verstandesbegriffe beruht, unter dem die Wahrnehmung subsumiert ist), so müssen wir es auch vor objektiv halten, d. i. daß es nicht bloß eine Beziehung der Wahrnehmung auf ein Subjekt, sondern eine Beschaffenheit des Gegenstandes ausdrücke; denn es wäre kein Grund, warum anderer Urteile notwendig mit dem meinigen übereinstimmen müßten, wenn es nicht die Einheit des Gegenstandes wäre, auf den sie sich alle beziehen, mit dem sie übereinstimmen, und daher auch alle unter einander zusammenstimmen müssen.

## *§ 19*

Es sind daher objektive Gültigkeit und notwendige Allgemeingültigkeit (für jedermann) Wechselbegriffe, und ob wir gleich das Objekt an sich nicht kennen, so ist doch, wenn wir ein Urteil als gemeingültig und mithin notwendig ansehen, eben darunter die objektive Gültigkeit verstanden. Wir erkennen durch dieses Urteil das Objekt, (wenn es auch sonst, wie es an sich selbst sein möchte, unbekannt bliebe,) durch die allgemeingültige und notwendige Verknüpfung der gegebenen Wahrnehmungen, und da dieses der Fall von allen Gegenständen der Sinne ist, so werden Erfahrungsurteile ihre objektive Gültigkeit nicht von der unmittelbaren Erkenntnis des Gegenstandes, (denn diese ist unmöglich), sondern bloß von der Bedingung der Allgemeingültigkeit der empirischen Urteile entlehnen, die, wie gesagt, niemals auf den empirischen, ja überhaupt sinnlichen Bedingungen, sondern auf einem reinen Verstandesbegriffe beruht. Das Objekt bleibt an sich selbst immer unbekannt; wenn aber durch den Verstandesbegriff die Verknüpfung der Vorstellungen, die unsrer Sinnlichkeit von ihm gegeben sind, als allgemeingültig bestimmt wird, so wird der Gegenstand durch dieses Verhältnis bestimmt, und das Urteil ist objektiv.

Wir wollen dieses erläutern: daß das Zimmer warm, der Zuker süß, der Wermut widrig sei, sind bloß subjektiv gültige Urteile. Ich verlange gar nicht, daß ich es jederzeit, oder jeder andrer es ebenso, wie ich, finden soll, sie drücken nur eine Beziehung zweener Empfindungen auf dasselbe Subjekt, nämlich mich selbst, und auch nur in meinem diesmaligen Zustande der Wahrnehmung aus, und sollen daher auch nicht vom Objekte gelten; dergleichen nenne ich Wahrnehmungsurteile. Eine ganz andere Bewandtnis hat es mit dem Erfahrungsurteile. Was die Erfahrung unter gewissen Umständen mich lehrt, muß sie mich jederzeit und auch jedermann lehren, und die Gültigkeit derselben schränkt sich nicht auf das Subjekt oder seinen damaligen Zustand ein. Daher spreche ich alle dergleichen Urteile als objektiv gültige aus, als z. B. wenn ich sage, die Luft ist elastisch, so ist dieses Urteil zunächst nur ein Wahrnehmungsurteil, ich beziehe zwei Empfindungen in meinen Sinnen nur auf einander. Will ich, es soll Erfahrungsurteil heißen, so verlange ich, daß diese Verknüpfung unter einer Bedingung stehe, welche sie allgemein gültig macht. Ich will also, daß ich jederzeit, und auch jedermann dieselbe Wahrnehmung unter denselben Umständen notwendig verbinden müsse.

## *§ 20*

Wir werden daher Erfahrung überhaupt zergliedern müssen, um zu sehen, was in diesem Produkt der Sinne und des Verstandes enthalten, und wie das Erfahrungsurteil selbst möglich sei. Zum Grunde liegt die Anschauung, deren ich mir bewußt bin, d. i. Wahrnehmung (perceptio), die bloß den Sinnen angehört. Aber zweitens gehört auch dazu das Urteilen (das bloß dem Verstande zukömmt). Dieses Urteilen kann nun zwiefach sein: erstlich, indem ich bloß die Wahrnehmungen vergleiche, und in einem Bewußtsein meines Zustandes, oder zweitens da ich sie in einem Bewußtsein überhaupt verbinde. Das erstere Urteil ist bloß ein Wahrnehmungsurteil, und hat sofern nur subjektive Gültigkeit; es ist bloß Verknüpfung der Wahrnehmungen in meinem Gemütszustande, ohne Beziehung auf den Gegenstand. Daher ist es nicht, wie man gemeiniglich sich einbildet, zur Erfahrung gnug, Wahrnehmungen zu vergleichen, und in einem Bewußtsein vermittelst des Urteilens zu verknüpfen; dadurch entspringt keine Allgemeingültigkeit und Notwendigkeit des Urteils, um deren willen es allein objektiv gültig und Erfahrung sein kann.

Es geht also noch ein ganz anderes Urteil voraus, ehe aus Wahrnehmung Erfahrung werden kann. Die gegebene Anschauung muß unter einem Begriff subsumiert werden, der die Form des Urteilens überhaupt in Ansehung der Anschauung bestimmt, das empirische Bewußtsein der letzteren in einem Bewußtsein überhaupt verknüpft, und dadurch den empirischen Urteilen

Allgemeingültigkeit verschafft; dergleichen Begriff ist ein reiner Verstandesbegriff a priori, welcher nichts tut, als bloß einer Anschauung die Art überhaupt zu bestimmen, wie sie zu Urteilen dienen kann. Es sei ein solcher Begriff der Begriff der Ursache, so bestimmt er die Anschauung, die unter ihm subsumiert ist, z. B. die der Luft, in Ansehung des Urteilens überhaupt, nämlich daß der Begriff der Luft in Ansehung der Ausspannung in dem Verhältnis des Antecedens zum Consequens in einem hypothetischen Urteile diene. Der Begriff der Ursache ist also ein reiner Verstandesbegriff, der von aller möglichen Wahrnehmung gänzlich unterschieden ist, und nur dazu dient, diejenige Vorstellung, die unter ihm enthalten ist, in Ansehung des Urteilens überhaupt zu bestimmen, mithin ein allgemeingültiges Urteil möglich zu machen.

Nun wird, ehe aus einem Wahrnehmungsurteil ein Urteil der Erfahrung werden kann, zuerst erfordert: daß die Wahrnehmung unter einem dergleichen Verstandesbegriffe subsumiert werde; z. B. die Luft gehört unter den Begriff der Ursachen, welcher das Urteil über dieselbe in Ansehung der Ausdehnung als hypothetisch bestimmt. Dadurch wird nun nicht diese Ausdehnung, als bloß zu meiner Wahrnehmung der Luft in meinem Zustande, oder in mehrern meiner Zustände, oder in dem Zustande der Wahrnehmung anderer gehörig, sondern als dazu *notwendig* gehörig, vorgestellt, und das Urteil, die Luft ist elastisch, wird allgemeingültig, und dadurch allererst Erfahrungsurteil, daß gewisse Urteile vorhergehen, die die Anschauung der Luft unter den Begriff der Ursache und Wirkung subsumieren, und dadurch die Wahrnehmungen nicht bloß respective auf einander in meinem Subjekte, sondern in Ansehung der Form des Urteilens überhaupt (hier der hypothetischen) bestimmen, und auf solche Art das empirische Urteil allgemeingültig machen.

Zergliedert man alle seine synthetische Urteile, sofern sie objektiv gelten, so findet man, daß sie niemals aus bloßen Anschauungen bestehen, die bloß, wie man gemeiniglich dafür hält, durch Vergleichung in einem Urteil verknüpft worden, sondern daß sie unmöglich sein würden, wäre nicht über die von der Anschauung abgezogene Begriffe noch ein reiner Verstandesbegriff hinzugekommen, unter dem jene Begriffe subsumiert, und so allererst in einem objektiv gültigen Urteile verknüpft worden. Selbst die Urteile der reinen Mathematik in ihren einfachsten Axiomen sind von dieser Bedingung nicht ausgenommen. Der Grundsatz: die gerade Linie ist die kürzeste zwischen zweien Punkten, setzt voraus, daß die Linie unter den Begriff der Größe subsumiert werde, welcher gewiß keine bloße Anschauung ist, sondern lediglich im

Verstande seinen Sitz hat, und dazu dient, die Anschauung (der Linie) in Absicht auf die Urteile, die von ihr gefället werden mögen, in Ansehung der Quantität derselben, nämlich der Vielheit (als iudicia plurativa) zu bestimmen, indem unter ihnen verstanden wird, daß in einer gegebenen Anschauung vieles gleichartige enthalten sei.

## *§ 21*

Um nun also die Möglichkeit der Erfahrung, soferne sie auf reinen Verstandesbegriffen a priori beruht, darzulegen, müssen wir zuvor das, was zum Urteilen überhaupt gehört, und die verschiedene Momente des Verstandes in denselben, in einer vollständigen Tafel vorstellen; denn die reinen Verstandesbegriffe, die nichts weiter sind, als Begriffe von Anschauungen überhaupt, sofern diese in Ansehung eines oder des andern dieser Momente zu Urteilen an sich selbst, mithin notwendig und allgemeingültig bestimmt sind, werden ihnen ganz genau parallel ausfallen. Hiedurch werden auch die Grundsätze a priori der Möglichkeit aller Erfahrung, als einer objektiv gültigen empirischen Erkenntnis, ganz genau bestimmt werden. Denn sie sind nichts anders, als Sätze, welche alle Wahrnehmung (gemäß gewissen allgemeinen Bedingungen der Anschauung) unter jene reine Verstandesbegriffe subsumieren.

### Logische Tafel
*der Urteile*

1.
*Der* *Quantität* *nach*
Allgemeine
Besondere
Einzelne

2.
*Der* *Qualität* *nach*
Bejahende
Verneinende
Unendliche

3.
*Der* *Relation* *nach*

Kategorische
Hypothetische
Disjunktive

4.
*Der* *Modalität* *nach*
Problematische
Assertorische
Apodiktische

**Transszendentale** **Tafel**
*der Verstandesbegriffe*

1.
*Der* *Quantität* *nach*
Einheit (das Maß)
Vielheit (die Größe)
Allheit (das Ganze)

2.
*Der* *Qualität*
Realität
Negation
Einschränkung

3.
*Der* *Relation*
Substanz
Ursache
Gemeinschaft

4.
*Der* *Modalität*
Möglichkeit
Dasein
Notwendigkeit

## Reine physiologische Tafel
allgemeiner Grundsätze der Naturwissenschaft.

1.
*Axiomen*
der Anschauung

2.
*Antizipationen*
der Wahrnehmung

3.
*Analogien*
der Erfahrung

4.
*Postulate*
des empirischen Denkens überhaupt

### *§ 21a*

Um alles Bisherige in einen Begriff zusammenzufassen, ist zuvörderst nötig, die Leser zu erinnern: daß hier nicht von dem Entstehen der Erfahrung die Rede sei, sondern von dem, was in ihr liegt. Das erstere gehört zur empirischen Psychologie, und würde selbst auch da, ohne das zweite, welches zur Kritik der Erkenntnis und besonders des Verstandes gehört, niemals gehörig entwickelt werden können.

Erfahrung besteht aus Anschauungen, die der Sinnlichkeit angehören, und aus Urteilen, die lediglich ein Geschäfte des Verstandes sind. Diejenige Urteile aber, die der Verstand lediglich aus sinnlichen Anschauungen macht, sind noch bei weitem nicht Erfahrungsurteile. Denn in jenem Falle würde das Urteil nur die Wahrnehmungen verknüpfen, sowie sie in der sinnlichen Anschauung gegeben sind, in dem letztern Falle aber sollen die Urteile sagen, was Erfahrung überhaupt, mithin nicht was die bloße Wahrnehmung, deren Gültigkeit bloß subjektiv ist, enthält. Das Erfahrungsurteil muß also noch über die sinnliche Anschauung und die logische Verknüpfung derselben (nachdem sie durch Vergleichung allgemein gemacht worden) in einem Urteile etwas hinzufügen, was das synthetische Urteil als notwendig und hiedurch als allgemeingültig bestimmt, und dieses kann nichts anders sein, als derjenige Begriff, der die Anschauung in Ansehung einer Form des Urteils vielmehr als der anderen, als an sich bestimmt, vorstellt, d. i. ein Begriff von derjenigen synthetischen Einheit der Anschauungen, die nur durch eine gegebne logische Funktion der Urteile vorgestellt werden kann.

## § 22

Die Summe hievon ist diese: Die Sache der Sinne ist, anzuschauen; die des Verstandes, zu denken. Denken aber ist Vorstellungen in einem Bewußtsein vereinigen. Diese Vereinigung entsteht entweder bloß relativ aufs Subjekt, und ist zufällig und subjektiv, oder sie findet schlechthin statt, und ist notwendig oder objektiv. Die Vereinigung der Vorstellungen in einem Bewußtsein ist das Urteil. Also ist Denken soviel, als Urteilen, oder Vorstellungen auf Urteile überhaupt beziehen. Daher sind Urteile entweder bloß subjektiv, wenn Vorstellungen auf ein Bewußtsein in einem Subjekt allein bezogen und in ihm vereinigt werden, oder sie sind objektiv, wenn sie in einem Bewußtsein überhaupt d. i. darin notwendig vereinigt werden. Die logische Momente aller Urteile sind so viel mögliche Arten, Vorstellungen in einem Bewußtsein zu vereinigen. Dienen aber ebendieselben als Begriffe, so sind sie Begriffe von der *notwendigen* Vereinigung derselben in einem Bewußtsein, mithin Prinzipien objektiv gültiger Urteile. Diese Vereinigung in einem Bewußtsein ist entweder analytisch, durch die Identität, oder synthetisch, durch die Zusammensetzung und Hinzukunft verschiedener Vorstellungen zueinander. Erfahrung besteht in der synthetischen Verknüpfung der Erscheinungen (Wahrnehmungen) in einem Bewußtsein, sofern dieselbe notwendig ist. Daher sind reine Verstandesbegriffe diejenige, unter denen alle Wahrnehmungen zuvor müssen subsumiert werden, ehe sie zu Erfahrungsurteilen dienen können, in welchen die synthetische Einheit der Wahrnehmungen als notwendig und allgemeingültig vorgestellt wird.

## § 23

Urteile, sofern sie bloß als die Bedingung der Vereinigung gegebener Vorstellungen in einem Bewußtsein betrachtet werden, sind Regeln. Diese Regeln, sofern sie die Vereinigung als notwendig vorstellen, sind Regeln a priori, und sofern keine über sie sind, von denen sie abgeleitet werden, Grundsätze. Da nun in Ansehung der Möglichkeit aller Erfahrung, wenn man an ihr bloß die Form des Denkens betrachtet, keine Bedingungen der Erfahrungsurteile über diejenige sind, welche die Erscheinungen, nach der verschiedenen Form ihrer Anschauung, unter reine Verstandesbegriffe bringen, die das empirische Urteil objektiv-gültig machen, so sind diese die Grundsätze a priori möglicher Erfahrung.

Die Grundsätze möglicher Erfahrung sind nun zugleich allgemeine Gesetze der Natur, welche a priori erkannt werden können. Und so ist die Aufgabe, die in unsrer vorliegenden zweiten Frage liegt: *Wie ist reine Naturwissenschaft möglich*? aufgelöset. Denn das Systematische, was zur Form einer Wissenschaft erfodert wird, ist hier vollkommen anzutreffen, weil über die genannte formale Bedingungen aller Urteile überhaupt, mithin aller Regeln überhaupt, die die Logik darbietet, keine mehr möglich sind, und diese ein logisches System, die darauf gegründeten Begriffe aber, welche die Bedingungen a priori zu allen synthetischen und notwendigen Urteilen enthalten, ebendarum ein transszendentales, endlich die Grundsätze, vermittelst deren alle Erscheinungen untern diese Begriffe subsumiert werden, ein physiologisches d. i. ein Natursystem ausmachen, welches vor aller empirischen Naturerkenntnis vorhergeht, diese zuerst möglich macht, und daher die eigentliche allgemeine und reine Naturwissenschaft genannt werden kann.

## § 24

Der erste jener physiologischen Grundsätze subsumiert alle Erscheinungen, alle Anschauungen im Raum und Zeit, unter den Begriff der *Größe*, und ist sofern ein Prinzip der Anwendung der Mathematik auf Erfahrung. Der zweite subsumiert das eigentlich Empirische, nämlich die Empfindung, die das Reale der Anschauungen bezeichnet, nicht geradezu unter den Begriff der *Größe*, weil Empfindung keine Anschauung ist, die Raum oder Zeit *enthielte*, ob sie gleich den ihr korrespondierenden Gegenstand in beide setzt; allein es ist zwischen Realität (Empfindungsvorstellung) und der Null d. i. dem gänzlich Leeren der Anschauung in der Zeit, doch ein Unterschied, der eine Größe hat, da nämlich zwischen einem jeden gegebenen Grade Licht und der Finsternis, zwischen einem jeden Grade Wärme und der gänzlichen Kälte, jedem Grad der Schwere und der absoluten Leichtigkeit, jedem Grade der Erfüllung des Raumes und dem völlig leeren Raume, immer noch kleinere Grade gedacht werden können, so wie selbst zwischen einem Bewußtsein und dem völligen Unbewußtsein (psychologischer Dunkelheit) immer noch kleinere stattfinden; daher keine Wahrnehmung möglich ist, welche einen absoluten Mangel bewiese, z. B. keine psychologische Dunkelheit, die nicht als ein Bewußtsein betrachtet werden könnte, welches nur von anderem, stärkeren überwogen wird, und so in allen

Fällen der Empfindung, weswegen der Verstand sogar Empfindungen, welche die eigentliche Qualität der empirischen Vorstellungen (Erscheinungen) ausmachen, antizipieren kann, vermittelst des Grundsatzes, daß sie alle insgesamt, mithin das Reale aller Erscheinung Grade habe, welches die zweite Anwendung der Mathematik (mathesis intensorum) auf Naturwissenschaft ist.

## § 25

In Ansehung des Verhältnisses der Erscheinungen, und zwar lediglich in Absicht auf ihr Dasein, ist die Bestimmung dieses Verhältnisses nicht mathematisch, sondern dynamisch, und kann niemals objektiv gültig, mithin zu einer Erfahrung tauglich sein, wenn sie nicht unter Grundsätzen a priori steht, welche die Erfahrungserkenntnis in Ansehung derselben allererst möglich machen. Daher müssen Erscheinungen unter den Begriff der Substanz, welcher aller Bestimmung des Daseins, als ein Begriff vom Dinge selbst, zum Grunde liegt, oder zweitens, sofern eine Zeitfolge unter den Erscheinungen, d. i. eine Begebenheit angetroffen wird, untern den Begriff einer Wirkung in Beziehung auf Ursache, oder, sofern das Zugleichsein objektiv, d. i. durch ein Erfahrungsurteil erkannt werden soll, unter den Begriff der Gemeinschaft (Wechselwirkung) subsumiert werden, und so liegen Grundsätze a priori objektiv gültigen, obgleich empirischen Urteilen, d. i. der Möglichkeit der Erfahrung, sofern sie Gegenstände dem Dasein nach in der Natur verknüpfen soll, zum Grunde. Diese Grundsätze sind die eigentlichen Naturgesetze, welche dynamisch heißen können.

Zuletzt gehört auch zu den Erfahrungsurteilen die Erkenntnis der Übereinstimmung und Verknüpfung, nicht sowohl der Erscheinungen untereinander in der Erfahrung, als vielmehr ihr Verhältnis zur Erfahrung überhaupt, welches entweder ihre Übereinstimmung mit den formalen Bedingungen, die der Verstand erkennt, oder Zusammenhang mit dem Materialen der Sinne und der Wahrnehmung, oder beides in einen Begriff vereinigt, folglich Möglichkeit, Wirklichkeit und Notwendigkeit nach allgemeinen Naturgesetzen enthält, welches die physiologische Methodenlehre (Unterscheidung der Wahrheit und Hypothesen und die Grenzen der Zuverlässigkeit der letzteren) ausmachen würde.

## § 26

Obgleich die dritte *aus der Natur des Verstandes selbst* nach kritischer Methode gezogene Tafel der Grundsätze eine Vollkommenheit an sich zeigt, darin sie sich weit über jede andre erhebt, die *von den Sachen selbst* auf dogmatische Weise, obgleich vergeblich, jemals versucht worden ist, oder nur künftig versucht werden mag: nämlich daß hier alle synthetische Grundsätze a priori vollständig und nach einem Prinzip, nämlich dem Vermögen zu urteilen überhaupt, welches das Wesen der Erfahrung in Absicht auf den Verstand ausmacht, ausgeführt worden, so daß man gewiß sein kann, es gebe keine dergleichen Grundsätze mehr, (eine Befriedigung, die die dogmatische Methode niemals verschaffen kann) so ist dieses doch bei weitem noch nicht ihr größtes Verdienst.

Man muß auf den Beweisgrnnd achtgeben, der die Möglichkeit dieser Erkenntnis a priori entdeckt, und alle solche Grundsätze zugleich auf eine Bedingung einschränkt, die niemals übersehen werden muß, wenn sie nicht mißverstanden und im Gebrauche weiter ausgedehnt werden soll, als der ursprüngliche Sinn, den der Verstand darein legt, es haben will: nämlich, daß sie nur die Bedingungen möglicher Erfahrung überhaupt enthalten, sofern sie Gesetzen a priori unterworfen ist. So sage ich nicht: daß Dinge *an sich selbst* eine Größe, ihre Realität einen Grad, ihre Existenz Verknüpfung der Accidenzen in einer Substanz u. s. w. enthalte; denn das kann niemand beweisen, weil eine solche synthetische Verknüpfung aus bloßen Begriffen, wo alle Beziehung auf sinnliche Anschauung einerseits, und alle Verknüpfung derselben in einer möglichen Erfahrung andererseits, mangelt, schlechterdings unmöglich ist. Die wesentliche Einschränkung der Begriffe also in diesen Grundsätzen ist: daß alle Dinge nur *als Gegenstände der Erfahrung* unter den genannten Bedingungen notwendig a priori stehen.

Hieraus folgt denn zweitens auch eine spezifisch eigentümliche Beweisart derselben: daß die gedachte Grundsätze auch nicht geradezu auf Erscheinungen und ihr Verhältnis, sondern auf die Möglichkeit der Erfahrung, wovon Erscheinungen nur die Materie, nicht aber die Form ausmachen, d. i. auf objektiv- und allgemeingültige synthetische Sätze, worin sich eben Erfahrungsurteile von bloßen Wahrnehmungsurteilen unterscheiden, bezogen werden. Dieses geschieht dadurch, daß die Erscheinungen als bloße Anschauungen, *welche einen Teil von Raum und Zeit einnehmen*, unter dem Begriff der Größe stehen, welcher das Mannigfaltige derselben a priori nach

Regeln synthetisch vereinigt, daß, sofern die Wahrnehmung außer der Anschauung auch Empfindung enthält, zwischen welcher und der Null, d. i. dem völligen Verschwinden derselben, jederzeit ein Übergang durch Verringerung stattfindet, das Reale der Erscheinungen einen Grad haben müsse, sofern sie nämlich selbst *keinen Teil von Raum oder Zeit einnimmt*, aber doch der Übergang zu ihr von der leeren Zeit oder Raum nur in der Zeit möglich ist, mithin, obzwar Empfindung, als die Qualität der empirischen Anschauung, in Ansehung dessen, worin sie sich spezifisch von andern Empfindungen unterscheidet, niemals a priori erkannt werden kann, sie dennoch in einer möglichen Erfahrung überhaupt, als Größe der Wahrnehmung intensiv von jeder andern gleichartigen unterschieden werden könne; woraus denn die Anwendung der Mathematik auf Natur, in Ansehung der sinnlichen Anschauung, durch welche sie uns gegeben wird, zuerst möglich gemacht und bestimmt wird.

Am meisten aber muß der Leser auf die Beweisart der Grundsätze, die unter dem Namen der Analogien der Erfahrung vorkommen, aufmerksam sein. Denn weil diese nicht, so wie die Grundsätze der Anwendung der Mathematik auf Naturwissenschaft überhaupt, die Erzeugung der Anschauungen, sondern die Verknüpfung ihres Daseins in einer Erfahrung betreffen, diese aber nichts anders, als die Bestimmung der Existenz in der Zeit nach notwendigen Gesetzen sein kann, unter denen sie allein objektivgültig, mithin Erfahrung ist: so geht der Beweis nicht auf die synthetische Einheit in der Verknüpfung *der Dinge* an sich selbst, sondern der *Wahrnehmungen*, und zwar dieser nicht in Ansehung ihres Inhalts, sondern der Zeitbestimmung und des Verhältnisses des Daseins in ihr, nach allgemeinen Gesetzen. Diese allgemeinen Gesetze enthalten also die Notwendigkeit der Bestimmung des Daseins in der Zeit überhaupt (folglich nach einer Regel des Verstandes a priori) wenn die empirische Bestimmung in der relativen Zeit objektiv-gültig, mithin Erfahrung sein soll. Mehr kann ich hier als in Prolegomenen nicht anführen, als nur, daß ich dem Leser, welcher in der langen Gewohnheit steckt, Erfahrung vor eine bloß empirische Zusammensetzung der Wahrnehmungen zu halten, und daher daran gar nicht denkt, daß sie viel weiter geht, als diese reichen, nämlich empirischen Urteilen Allgemeingültigkeit gibt und dazu einer reinen Verstandeseinheit bedarf, die a priori vorhergeht, empfehle: auf diesen Unterschied der Erfahrung von einem bloßen Aggregat von Wahrnehmungen wohl achtzuhaben, und aus diesem Gesichtspunkte die Beweisart zu beurteilen.

## § 27

Hier ist nun der Ort, den Humischen Zweifel aus dem Grunde zu heben. Er behauptete mit Recht: daß wir die Möglichkeit der Kausalität, d. i. der Beziehung des Daseins eines Dinges auf das Dasein von irgend etwas anderem, was durch jenes notwendig gesetzt werde, durch Vernunft auf keine Weise einsehen. Ich setze noch hinzu, daß wir ebensowenig den Begriff der Subsistenz d. i. der Notwendigkeit darin einsehen, daß dem Dasein der Dinge ein Subjekt zum Grunde liege, das selbst kein Prädikat von irgendeinem anderen Dinge sein könne, ja sogar, daß wir uns keinen Begriff von der Möglichkeit eines solchen Dinges machen können, (obgleich wir in der Erfahrung Beispiele seines Gebrauchs aufzeigen können) imgleichen, daß ebendiese Unbegreiflichkeit auch die Gemeinschaft der Dinge betreffe, indem gar nicht einzusehen ist, wie aus dem Zustande eines Dinges eine Folge auf den Zustand ganz anderer Dinge außer ihm, und so wechselseitig, könne gezogen werden, und wie Substanzen, deren jede doch ihre eigene abgesonderte Existenz hat, von einander und zwar notwendig abhängen sollen. Gleichwohl bin ich weit davon entfernet, diese Begriffe als bloß aus der Erfahrung entlehnt, und die Notwendigkeit, die in ihnen vorgestellt wird, als angedichtet und vor bloßen Schein zu halten, den uns eine lange Gewohnheit vorspiegelt; vielmehr habe ich hinreichend gezeigt, daß sie und die Grundsätze aus denselben a priori vor aller Erfahrung feststehen, und ihre ungezweifelte objektive Richtigkeit, aber freilich nur in Ansehung der Erfahrung haben.

## § 28

Ob ich also gleich von einer solchen Verknüpfung der Dinge an sich selbst, wie sie als Substanz existieren, oder als Ursache wirken, oder mit andern (als Teile eines realen Ganzen) in Gemeinschaft stehen können, nicht den mindesten Begriff habe, noch weniger aber dergleichen Eigenschaften an Erscheinungen als Erscheinungen denken kann (weil jene Begriffe nichts, was in den Erscheinungen liegt, sondern, was der Verstand allein denken muß, enthalten), so haben wir doch von einer solchen Verknüpfung der Vorstellungen in unserm Verstande, und zwar in Urteilen überhaupt, einen dergleichen Begriff, nämlich: daß Vorstellungen in einer Art Urteile als Subjekt in Beziehung auf Prädikate, in einer anderen als Grund in Beziehung auf Folge, und in einer dritten als Teile, die zusammen ein ganzes mögliches Erkenntnis ausmachen, gehören. Ferner erkennen wir a priori: daß ohne die Vorstellung eines Objekts in Ansehung eines oder des andern dieser Momente als bestimmt anzusehen, wir gar keine Erkenntnis, die von dem Gegenstände gelte, haben könnten, und, wenn wir uns mit dem Gegenstande an sich selbst beschäftigten, so wäre kein einziges Merkmal möglich, woran ich erkennen könnte, daß er in Ansehung eines oder des andern gedachter Momente bestimmt sei, d. i. unter den Begriff der Substanz, oder der Ursache, oder (im Verhältnis gegen andere Substanzen) unter den Begriff der Gemeinschaft gehöre; denn von der Möglichkeit einer solchen Verknüpfung des Daseins habe ich keinen Begriff. Es ist aber auch die Frage nicht, wie Dinge an sich, sondern, wie Erfahrungserkenntnis der Dinge in Ansehung gedachter Momente der Urteile überhaupt bestimmt sei, d. i. wie Dinge, als Gegenstände der Erfahrung, unter jene Verstandesbegriffe können und sollen subsumiert werden. Und da ist es klar: daß ich nicht allein die Möglichkeit, sondern auch die Notwendigkeit, alle Erscheinungen unter diese Begriffe zu subsumieren, d. i. sie zu Grundsätzen der Möglichkeit der Erfahrung zu brauchen, vollkommen einsehe.

## § 29

Um einen Versuch an HUMES problematischem Begriff (diesem seinem crux metaphysicorum), nämlich dem Begriffe der Ursache, zu machen, so ist mir erstlich vermittelst der Logik die Form eines bedingten Urteils überhaupt, nämlich, ein gegebenes Erkenntnis als Grund, und das andere als Folge zu gebrauchen, a priori gegeben. Es ist aber möglich, daß in der Wahrnehmung eine Regel des Verhältnisses angetroffen wird, die da sagt: daß auf eine gewisse Erscheinung eine andere, (obgleich nicht umgekehrt) beständig folgt, und dieses ist ein Fall, mich des hypothetischen Urteils zu bedienen, und z. B. zu sagen, wenn ein Körper lange gnug von der Sonne beschienen ist, so wird er warm. Hier ist nun freilich noch nicht eine Notwendigkeit der Verknüpfung, mithin der Begriff der Ursache. Allein ich fahre fort, und sage: wenn obiger Satz, der bloß eine subjektive Verknüpfung der Wahrnehmungen ist, ein Erfahrungssatz sein soll, so muß er als notwendig und allgemeingültig angesehen werden. Ein solcher Satz aber würde sein: Sonne ist durch ihr Licht die Ursache der Wärme. Die obige empirische Regel wird nunmehr als Gesetz angesehen, und zwar nicht als geltend bloß von Erscheinungen, sondern von ihnen zum Behuf einer möglichen Erfahrung, welche durchgängig und also notwendig gültige Regeln bedarf. Ich sehe also den Begriff der Ursache, als einen zur bloßen Form der Erfahrung notwendig gehörigen Begriff, und dessen Möglichkeit als einer synthetischen Vereinigung der Wahrnehmungen in einem Bewußtsein überhaupt, sehr wohl ein; die Möglichkeit eines Dinges überhaupt aber, als einer Ursache, sehe ich gar nicht ein, und zwar darum, weil der Begriff der Ursache ganz und gar keine den Dingen, sondern nur der Erfahrung anhängende Bedingung andeutet, nämlich, daß diese nur eine objektiv-gültige Erkenntnis von Erscheinungen und ihrer Zeitfolge sein könne, sofern die vorhergehende mit der nachfolgenden nach der Regel hypothetischer Urteile verbunden werden kann.

## § 30

Daher haben auch die reine Verstandesbegriffe ganz und gar keine Bedeutung, wenn sie von Gegenständen der Erfahrung abgehen und auf Dinge an sich selbst (noumena) bezogen werden wollen. Sie dienen gleichsam nur, Erscheinungen zu buchstabieren, um sie als Erfahrung lesen zu können; die Grundsätze, die aus der Beziehung derselben auf die Sinnenwelt entspringen, dienen nur unserm Verstande zum Erfahrungsgebrauch; weiter hinaus sind es willkürliche Verbindungen, ohne objektive Realität, deren Möglichkeit man weder a priori erkennen, noch ihre Beziehung auf Gegenstände durch irgendein Beispiel bestätigen oder nur verständlich machen kann, weil alle Beispiele nur aus irgendeiner möglichen Erfahrung entlehnt, mithin auch die Gegenstände jener Begriffe nirgend anders, als in einer möglichen Erfahrung angetroffen werden können.

Diese vollständige, obzwar wider die Vermutung des Urhebers ausfallende Auflösung des Humischen Problems rettet also den reinen Verstandesbegriffen ihren Ursprung a priori, und den allgemeinen Naturgesetzen ihre Gültigkeit, als Gesetzen des Verstandes, doch so, daß sie ihren Gebrauch nur auf Erfahrung einschränkt, darum, weil ihre Möglichkeit bloß in der Beziehung des Verstandes auf Erfahrung ihren Grund hat: nicht aber so, daß sie sich von Erfahrung, sondern daß Erfahrung sich von ihnen ableitet, welche ganz umgekehrte Art der Verknüpfung HUME sich niemals einfallen ließ.

Hieraus fließt nun folgendes Resultat aller bisherigen Nachforschung: "Alle synthetische Grundsätze a priori sind nichts weiter, als Prinzipien möglicher Erfahrung" und können niemals auf Dinge an sich selbst, sondern nur auf Erscheinungen, als Gegenstände der Erfahrung, bezogen werden. Daher auch reine Mathematik sowohl als reine Naturwissenschaft niemals auf irgend etwas mehr als bloße Erscheinungen gehen können, und nur das vorstellen, was entweder Erfahrung überhaupt möglich macht, oder was, indem es aus diesen

Prinzipien abgeleitet ist, jederzeit in irgendeiner möglichen Erfahrung muß vorgestellt werden können.

## § 31

Und so hat man denn einmal etwas Bestimmtes, und woran man sich bei allen metaphysischen Unternehmungen, die bisher, kühn gnuug, aber jederzeit blind, über alles ohne Unterschied gegangen sind, halten kann. Dogmatische Denker haben sich es niemals einfallen lassen, daß das Ziel ihrer Bemühungen so kurz sollte ausgesteckt werden, und selbst diejenige nicht, die, trotzig auf ihre vermeinte gesunde Vernunft, mit zwar rechtmäßigen und natürlichen, aber zum bloßen Erfahrungsgebrauch bestimmten Begriffen und Grundsätzen der reinen Vernunft auf Einsichten ausgingen, vor die sie keine bestimmte Grenzen kannten, noch kennen konnten, weil sie über die Natur und selbst die Möglichkeit eines solchen reinen Verstandes niemals entweder nachgedacht hatten oder nachzudenken vermochten.

Mancher Naturalist der reinen Vernunft (darunter ich den verstehe, welcher sich zutraut, ohne alle Wissenschaft in Sachen der Metaphysik zu entscheiden) möchte wohl vorgeben, er habe das, was hier mit so viel Zurüstung, oder, wenn er lieber will, mit weitschweifigem pedantischen Pompe vorgetragen worden, schon längst durch den Wahrsagergeist seiner gesunden Vernunft nicht bloß vermutet, sondern auch gewußt und eingesehen: "daß wir nämlich mit aller unserer Vernunft über das Feld der Erfahrungen nie hinaus kommen können." Allein da er doch, wenn man ihm seine Vernunftprinzipien allmählich abfrägt, gestehen muß, daß darunter viele sind, die er nicht aus Erfahrung geschöpft hat, die also von dieser unabhängig und a priori gültig sind, wie und mit welchen Gründen will er denn den Dogmatiker und sich selbst in Schranken halten, der sich dieser Begriffe und Grundsätze über alle mögliche Erfahrung hinaus bedient, darum eben weil sie unabhängig von dieser erkannt werden? Und selbst er, dieser Adept der gesunden Vernunft, ist so sicher nicht, ungeachtet aller seiner angemaßten wohlfeil erworbenen Weisheit, unvermerkt über Gegenstände der Erfahrung hinaus in das Feld der Hirngespinste zu geraten. Auch ist er gemeiniglich tief gnug drin verwickelt, ob er zwar durch die populäre Sprache, da er alles bloß vor Wahrscheinlichkeit, vernünftige Vermutung oder Analogie ausgibt, seinen grundlosen Ansprüchen einigen Anstrich gibt.

## § 32

Schon von den ältesten Zeiten der Philosophie her, haben sich Forscher der reinen Vernunft, außer den Sinnenwesen oder Erscheinungen, (phaenomena) die die Sinnenwelt ausmachen, noch besondere Verstandeswesen (noumena), welche eine Verstandeswelt ausmachen sollten, gedacht, und da sie, (welches einem noch unausgebildeten Zeitalter wohl zu verzeihen war) Erscheinung und Schein vor einerlei hielten, den Verstandeswesen allein Wirklichkeit zugestanden.

In der Tat, wenn wir die Gegenstände der Sinne, wie billig, als bloße Erscheinungen ansehen, so gestehen wir hiedurch doch zugleich, daß ihnen ein Ding an sich selbst zum Grunde liege, ob wir dasselbe gleich nicht, wie es an sich beschaffen sei, sondern nur seine Erscheinung, d. i. die Art, wie unsre Sinnen von diesem unbekannten Etwas affiziert werden, kennen. Der Verstand also, ebendadurch, daß er Erscheinungen annimmt, gesteht auch das Dasein von Dingen an sich selbst zu, und sofern können wir sagen, daß die Vorstellung solcher Wesen, die den Erscheinungen zum Grunde liegen, mithin bloßer Verstandeswesen nicht allein zulässig, sondern auch unvermeidlich sei.

Unsere kritische Deduktion schließt dergleichen Dinge (Noumena) auch keinesweges aus, sondern schränkt vielmehr die Grundsätze der Ästhetik dahin ein, daß sie sich ja nicht auf alle Dinge erstrecken sollen, wodurch alles in bloße Erscheinung verwandelt werden würde, sondern daß sie nur von Gegenständen einer möglichen Erfahrung gelten sollen. Also werden hiedurch Verstandeswesen zugelassen, nur mit Einschärfung dieser Regel, die gar keine Ausnahme leidet: daß wir von diesen reinen Verstandeswesen ganz und gar nichts Bestimmtes wissen, noch wissen können, weil unsere reine Verstandesbegriffe sowohl als reine Anschauungen auf nichts als Gegenstände möglicher Erfahrung, mithin auf bloße Sinnenwesen gehen, und, sobald man von diesen abgeht, jenen Begriffen nicht die mindeste Bedeutung mehr übrig bleibt.

## § 33

Es ist in der Tat mit unseren reinen Verstandesbegriffen etwas Verfängliches, in Ansehung der Anlockung zu einem transszendenten Gebrauch; denn so nenne ich denjenigen, der über alle mögliche Erfahrung hinausgeht. Nicht allein, daß unsere Begriffe der Substanz, der Kraft, der Handlung, der Realität etc. ganz von der Erfahrung unabhängig sind, imgleichen gar keine Erscheinung der Sinne enthalten, also in der Tat auf Dinge an sich selbst (noumena) zu gehen scheinen, sondern, was diese Vermutung noch bestärkt, sie enthalten eine Notwendigkeit der Bestimmung in sich, der die Erfahrung niemals gleichkommt. Der Begriff der Ursache enthält eine Regel, nach der aus einem Zustande ein anderer notwendiger Weise folgt; aber die Erfahrung kann uns nur zeigen, daß oft, und wenn es hoch kommt, gemeiniglich auf einen Zustand der Dinge ein anderer folge, und kann also weder strenge Allgemeinheit, noch Notwendigkeit verschaffen etc.

Daher scheinen Verstandesbegriffe viel mehr Bedeutung und Inhalt zu haben, als daß der bloße Erfahrungsgebrauch ihre ganze Bestimmung erschöpfte, und so baut sich der Verstand unvermerkt an das Haus der Erfahrung noch ein viel weitläuftigeres Nebengebäude an, welches er mit lauter Gedankenwesen anfüllt, ohne es einmal zu merken, daß er sich mit seinen sonst richtigen Begriffen über die Grenzen ihres Gebrauchs verstiegen habe.

## *§ 34*

Es waren also zwei wichtige, ja ganz unentbehrliche, obzwar äußerst trockene Untersuchungen nötig, welche Krit. Seite 137 etc. und 235 etc. [B 176 u. B 294ff.]) angestellt worden, durch deren erstere gezeigt wurde, daß die Sinne nicht die reine Verstandesbegriffe in concreto, sondern nur das Schema zum Gebrauche derselben an die Hand geben, und der ihm gemäße Gegenstand nur in der Erfahrung (als dem Produkte des Verstandes aus Materialien der Sinnlichkeit) angetroffen werde. In der zweiten Untersuchung (Krit. S. 235) wird gezeigt: daß ungeachtet der Unabhängigkeit unsrer reinen Verstandesbegriffe und Grundsätze von Erfahrung, ja selbst ihrem scheinbarlich größeren Umfange des Gebrauchs, dennoch durch dieselbe außer dem Felde der Erfahrung gar nichts gedacht werden könne, weil sie nichts tun können, als bloß die logische Form des Urteils in Ansehung gegebener Anschauungen bestimmen; da es aber über das Feld der Sinnlichkeit hinaus ganz und gar keine Anschauung gibt, jenen reinen Begriffen es ganz und gar an Bedeutung fehle, indem sie durch kein Mittel in concreto können dargestellt werden, folglich alle solche Noumena zusamt dem Inbegriff derselben, einer intelligibeln Welt, nichts als Vorstellungen einer Aufgabe sind, deren Gegenstand an sich wohl möglich, deren Auflösung aber, nach der Natur unseres Verstandes, gänzlich unmöglich ist, indem unser Verstand kein Vermögen der Anschauung, sondern bloß der Verknüpfung gegebener Anschauungen in einer Erfahrung ist, und daß diese daher alle

Gegenstände vor unsere Begriffe enthalten müsse, außer ihr aber alle Begriffe, da ihnen keine Anschauung unterlegt werden kann, ohne Bedeutung sein werden.

## § 35

Es kann der Einbildungskraft vielleicht verziehen werden, wenn sie bisweilen schwärmt, d. i. sich nicht behutsam innerhalb den Schranken der Erfahrung hält, denn wenigstens wird sie durch einen solchen freien Schwung belebt und gestärkt, und es wird immer leichter sein, ihre Kühnheit zu mäßigen, als ihrer Mattigkeit aufzuhelfen. Daß aber der Verstand, der *denken* soll, an dessen statt *schwärmt*, das kann ihm niemals verziehen werden; denn auf ihm beruht allein alle Hülfe, um der Schwärmerei der Einbildungskraft, wo es nötig ist, Grenzen zu setzen.

Er fängt es aber hiemit sehr unschuldig und sittsam an. Zuerst bringt er die Elementarerkenntnisse, die ihm vor aller Erfahrung beiwohnen, aber dennoch in der Erfahrung immer ihre Anwendung haben müssen, ins reine. Allmählich läßt er diese Schranken weg, und was sollte ihn auch daran hindern, da der Verstand ganz frei seine Grundsätze aus sich selbst genommen hat? und nun geht es zuerst auf neu erdachte Kräfte in der Natur, bald hernach auf Wesen außerhalb der Natur, mit einem Wort auf eine Welt, zu deren Einrichtung es uns an Bauzeug nicht fehlen kann, weil es durch fruchtbare Erdichtung reichlich herbeigeschafft, und durch Erfahrung zwar nicht bestätigt, aber auch niemals widerlegt wird. Das ist auch die Ursache, weswegen junge Denker Metaphysik in echter dogmatischer Manier so lieben, und ihr oft ihre Zeit und ihr sonst brauchbares Talent aufopfern.

Es kann aber gar nichts helfen, jene fruchtlose Versuche der reinen Vernunft durch allerlei Erinnerungen wegen der Schwierigkeit der Auflösung so tief verborgener Fragen, Klagen über die Schranken unserer Vernunft, und Herabsetzung der Behauptungen auf bloße Mutmaßungen, mäßigen zu wollen. Denn wenn die *Unmöglichkeit* derselben nicht deutlich dargetan worden, und die *Selbsterkenntnis* der Vernunft nicht wahre Wissenschaft wird, worin das Feld ihres richtigen von dem ihres nichtigen und fruchtlosen Gebrauchs, so zu sagen, mit geometrischer Gewißheit unterschieden wird, so werden jene eitle Bestrebungen niemals völlig abgestellt werden.

## § 36
## Wie ist Natur selbst möglich?

Diese Frage, welche der höchste Punkt ist, den transszendentale Philosophie nur immer berühren mag, und zu welchem sie auch, als ihrer Grenze und Vollendung, geführt werden muß, enthält eigentlich zwei Fragen.

**Erstlich:** Wie ist Natur in *materieller* Bedeutung, nämlich der Anschauung nach, als der Inbegriff der Erscheinungen, wie ist Raum, Zeit, und das, was beide erfüllt, der Gegenstand der Empfindung, überhaupt möglich? Die Antwort ist: vermittelst der Beschaffenheit unserer Sinnlichkeit, nach welcher sie, auf die ihr eigentümliche Art, von Gegenständen, die ihr an sich selbst unbekannt und von jenen Erscheinungen ganz unterschieden sind, gerührt wird. Diese Beantwortung ist, in dem Buche selbst in der transszendentalen Ästhetik, hier aber in den Prolegomenen durch die Auflösung der ersten Hauptfrage gegeben worden.

**Zweitens:** Wie ist Natur in formeller Bedeutung, als der Inbegriff der Regeln, unter denen alle Erscheinungen stehen müssen, wenn sie in einer Erfahrung als verknüpft gedacht werden sollen, möglich? Die Antwort kann nicht anders ausfallen als: sie ist nur möglich vermittelst der Beschaffenheit unseres Verstandes, nach welcher alle jene Vorstellungen der Sinnlichkeit auf ein Bewußtsein notwendig bezogen werden, und wodurch allererst die eigentümliche Art unseres Denkens, nämlich durch Regeln, und vermittelst dieser die Erfahrung, welche von der Einsicht der Objekte an sich selbst ganz zu unterscheiden ist, möglich ist. Diese Beantwortung ist in dem Buche selbst in der transszendentalen Logik, hier aber in den Prolegomenen in dem Verlauf der Auflösung der zweiten Hauptfrage gegeben worden.

Wie aber diese eigentümliche Eigenschaft unsrer Sinnlichkeit selbst, oder die unseres Verstandes und der ihm und allem Denken zum Grunde liegenden notwendigen Apperzeption, möglich sei, läßt sich nicht weiter auflösen und beantworten, weil wir ihrer zu aller Beantwortung und zu allem Denken der Gegenstände immer wieder nötig haben.

Es sind viele Gesetze der Natur, die wir nur vermittelst der Erfahrung wissen können, aber die Gesetzmäßigkeit in Verknüpfung der Erscheinungen, d. i. die Natur überhaupt, können wir durch keine Erfahrung kennen lernen, weil Erfahrung selbst solcher Gesetze bedarf, die ihrer Möglichkeit a priori zum Grunde liegen.

Die Möglichkeit der Erfahrung überhaupt ist also zugleich das allgemeine Gesetz der Natur, und die Grundsätze der erstern sind selbst die Gesetze der letztern. Denn wir kennen Natur nicht anders, als den Inbegriff der Erscheinungen d. i. der Vorstellungen in uns, und können daher das Gesetz ihrer Verknüpfung nirgend anders, als von den Grundsätzen der Verknüpfung derselben in uns, d. i. den Bedingungen der notwendigen Vereinigung in einem Bewußtsein, welche die Möglichkeit der Erfahrung ausmacht, hernehmen.

Selbst der Hauptsatz, der durch diesen ganzen Abschnitt ausgeführt worden, daß allgemeine Naturgesetze a priori erkannt werden können, führt schon von selbst auf den Satz: daß die oberste Gesetzgebung der Natur in uns selbst, d. i. in unserm Verstande liegen müsse, und daß wir die allgemeinen Gesetze derselben nicht von der Natur vermittelst der Erfahrung, sondern umgekehrt die Natur ihrer allgemeinen Gesetzmäßigkeit nach bloß aus den in unserer Sinnlichkeit und dem Verstande liegenden Bedingungen der Möglichkeit der Erfahrung suchen müssen; denn wie wäre es sonst möglich, diese Gesetze, da sie nicht etwa Regeln der analytischen Erkenntnis, sondern wahrhafte synthetische Erweiterungen derselben sind, a priori zu kennen? Eine solche und zwar notwendige Übereinstimmung der Prinzipien möglicher Erfahrung mit den Gesetzen der Möglichkeit der Natur kann nur aus zweierlei Ursachen stattfinden: entweder diese Gesetze werden von der Natur vermittelst der Erfahrung entlehnt, oder umgekehrt die Natur wird von den Gesetzen der Möglichkeit der Erfahrung überhaupt abgeleitet und ist mit der bloßen allgemeinen Gesetzmäßigkeit der letzteren völlig einerlei. Das erstere widerspricht sich selbst, denn die allgemeinen Naturgesetze können und müssen a priori (d. i. unabhängig von aller Erfahrung) erkannt, und allem empirischen Gebrauche des Verstandes zum Grunde gelegt werden, also bleibt nur das zweite übrig.

Wir müssen aber empirische Gesetze der Natur, die jederzeit besondere Wahrnehmungen voraussetzen, von den reinen oder allgemeinen Naturgesetzen, welche, ohne daß besondere Wahrnehmungen zum Grunde liegen, bloß die Bedingungen ihrer notwendigen Vereinigung in einer Erfahrung enthalten, unterscheiden, und in Ansehung der letztern ist Natur und *mögliche* Erfahrung ganz und gar einerlei, und, da in dieser die Gesetzmäßigkeit auf der notwendigen Verknüpfung der Erscheinungen in einer Erfahrung (ohne welche wir ganz und gar keinen Gegenstand der Sinnenwelt erkennen können) mithin auf den ursprünglichen Gesetzen des Verstandes beruht; so klingt es zwar anfangs befremdlich, ist aber nichtsdestoweniger gewiß, wenn ich in Ansehung der letztern sage: *der Verstand schöpft seine Gesetze (a priori) nicht aus der Natur, sondern schreibt sie dieser vor.*

### § 37

Wir wollen diesen dem Anscheine nach gewagten Satz durch ein Beispiel erläutern, welches zeigen soll: daß Gesetze, die wir an Gegenständen der sinnlichen Anschauung entdecken, vornehmlich wenn sie als notwendig erkannt worden, von uns selbst schon vor solche gehalten werden, die der Verstand hineingelegt, ob sie gleich den Naturgesetzen, die wir der Erfahrung zuschreiben, sonst in allen Stücken ähnlich sind.

### § 38

Wenn man die Eigenschaften des Zirkels betrachtet, dadurch diese Figur so manche willkürliche Bestimmungen des Raums in ihr sofort in einer allgemeinen Regel vereinigt, so kann man nicht umhin, diesem geometrischen Dinge eine Natur beizulegen. So teilen sich nämlich zwei Linien, die sich einander und zugleich den Zirkel schneiden, nach welchem Ohngefähr sie auch gezogen werden, doch jederzeit so regelmäßig: daß das Rektangel aus den Stücken einer jeden Linie dem der andern gleich ist. Nun frage ich, "liegt dieses Gesetz im Zirkel, oder liegt es im Verstande," d. i. enthält diese Figur, unabhängig vom Verstande, den Grund dieses Gesetzes in sich, oder legt der Verstand, indem er nach seinen Begriffen (nämlich der Gleichheit der Halbmesser) die Figur selbst konstruiert hat, zugleich das Gesetz der einander in geometrischer Proportion schneidenden Sehnen in dieselbe hinein? Man wird bald gewahr, wenn man den Beweisen dieses Gesetzes nachgeht, daß es allein von der Bedingung, die der Verstand der Konstruktion dieser Figur zum Grunde legte, nämlich der Gleichheit der Halbmesser könne abgeleitet werden. Erweitern wir diesen Begriff nun, die Einheit mannigfaltiger Eigenschaften geometrischer Figuren unter gemeinschaftlichen Gesetzen noch weiter zu verfolgen, und betrachten den Zirkel als einen Kegelschnitt, der also mit andern Kegelschnitten unter ebendenselben Grundbedingungen der Konstruktion steht, so finden wir, daß alle Sehnen, die sich innerhalb der letztern, der Ellipse, der Parabel und Hyperbel schneiden, es jederzeit so tun, daß die Rektangel aus ihren Teilen zwar nicht gleich sind, aber doch immer in gleichen Verhältnissen gegeneinander stehen. Gehen wir von da noch weiter, nämlich zu den Grundlehren der physischen Astronomie, so zeigt sich ein über die ganze materielle Natur verbreitetes physisches Gesetz der wechselseitigen Attraktion, deren Regel ist, daß sie umgekehrt mit dem Quadrat der Entfernungen von jedem anziehenden Punkt ebenso abnehmen, wie die Kugelflächen, in die sich diese Kraft verbreitet, zunehmen, welches als notwendig in der Natur der Dinge selbst zu liegen scheint, und daher auch als a priori erkennbar vorgetragen zu werden pflegt. So einfach nun auch die Quellen dieses Gesetzes sind, indem sie bloß auf dem Verhältnisse der Kugelflächen von verschiedenen Halbmessern beruhen, so ist doch die Folge davon so vortrefflich in Ansehung der Mannigfaltigkeit ihrer Zusammenstimmung und Regelmäßigkeit derselben, daß nicht allein alle mögliche Bahnen der Himmelskörpern in Kegelschnitten, sondern auch ein solches Verhältnis derselben untereinander erfolgt, daß kein ander Gesetz der Attraktion, als das des umgekehrten Quadratverhältnisses der Entfernungen zu einem Weltsystem als schicklich erdacht werden kann.

Hier ist also Natur, die auf Gesetzen beruht, welche der Verstand a priori erkennt, und zwar vornehmlich aus allgemeinen Prinzipien der Bestimmung des Raums. Nun frage ich: liegen diese Naturgesetze im Raume, und lernt sie der Verstand, indem er den reichhaltigen Sinn, der in jenem liegt, bloß zu erforschen sucht, oder liegen sie im Verstande und in der Art, wie dieser den Raum nach den Bedingungen der synthetischen Einheit, darauf seine Begriffe insgesamt auslaufen, bestimmt? Der Raum ist etwas so Gleichförmiges und in Ansehung aller besondern Eigenschaften so Unbestimmtes, daß man in ihm gewiß keinen Schatz von Naturgesetzen suchen wird. Dagegen ist das, was den Raum zur Zirkelgestalt, der Figur des Kegels und der Kugel bestimmt, der Verstand, sofern er den Grund der Einheit der Konstruktion derselben enthält. Die bloße allgemeine Form der Anschauung, die Raum heißt, ist also wohl das Substratum aller auf besondere Objekte bestimmbaren Anschauungen, und in jenem liegt freilich die Bedingung der Möglichkeit und Mannigfaltigkeit der letztern; aber die Einheit der Objekte wird doch lediglich durch den Verstand bestimmt, und zwar nach Bedingungen, die in seiner eigenen Natur liegen, und so ist der Verstand der Ursprung der allgemeinen Ordnung der Natur, indem er alle Erscheinungen untern seine eigene Gesetze faßt, und dadurch allererst Erfahrung (ihrer Form nach) a priori zustande bringt, vermöge deren alles, was nur durch Erfahrung erkannt werden soll, seinen Gesetzen notwendig unterworfen wird. Denn wir haben es nicht mit der Natur *der Dinge an sich selbst* zu tun, die ist sowohl von Bedingungen unserer Sinnlichkeit als des Verstandes unabhängig, sondern mit der Natur, als einem Gegenstände möglicher Erfahrung, und da macht es der Verstand, indem er diese möglich macht, zugleich, daß Sinnenwelt entweder gar kein Gegenstand der Erfahrung oder eine Natur ist.

## *§ 39*
## Anhang zur reinen Naturwissenschaft: von dem System der Kategorien.

Es kann einem Philosophen nichts erwünschter sein, als wenn er das Mannigfaltige der Begriffe oder Grundsätze, die sich ihm vorher durch den Gebrauch, den er von ihnen in concreto gemacht hatte, zerstreut dargestellt hatten, aus einem Prinzip a priori ableiten, und alles auf solche Weise in eine Erkenntnis vereinigen kann. Vorher glaubte er nur, daß, was ihm nach einer gewissen Abstraktion übrig blieb, und, durch Vergleichung untereinander, eine besondere Art von Erkenntnissen auszumachen schien, vollständig gesammlet sei, aber es war nur ein *Aggregat*; jetzt weiß er, daß gerade nur so viel, nicht mehr, nicht weniger, die Erkenntnisart ausmachen könne, und sieht die Notwendigkeit seiner Einteilung ein, welches ein Begreifen ist, und nun hat er allererst ein *System*.

Aus dem gemeinen Erkenntnisse die Begriffe heraussuchen, welche gar keine besondere Erfahrung zum Grunde liegen haben, und gleichwohl in aller Erfahrungserkenntnis vorkommen, von der sie gleichsam die bloße Form der Verknüpfung ausmachen, setzte kein größeres Nachdenken, oder mehr Einsicht voraus, als aus einer Sprache Regeln des wirklichen Gebrauchs der Wörter überhaupt heraussuchen, und so Elemente zu einer Grammatik zusammentragen (in der Tat sind beide Untersuchungen einander auch sehr nahe verwandt,) ohne doch eben Grund angeben zu können, warum eine jede Sprache gerade diese und keine andere formale Beschaffenheit habe, noch weniger aber, daß gerade so viel, nicht mehr noch weniger, solcher formalen Bestimmungen derselben überhaupt angetroffen werden können.

Aristoteles hatte zehn solcher reinen Elementarbegriffe unter dem Namen der Kategorien zusammengetragen. Diesen, welche auch Prädikamente genennt wurden, sahe er sich hernach genötigt, noch fünf Postprädikamente beizufügen, die doch zum Teil schon in jenen liegen (als prius, simul, motus); allein diese Rhapsodie konnte mehr vor einen Wink vor den künftigen Nachforscher, als vor eine regelmäßig ausgeführte Idee gelten und Beifall verdienen, daher sie auch, bei mehrerer Aufklärung der Philosophie, als ganz unnütz verworfen worden.

Bei einer Untersuchung der reinen (nichts Empirisches enthaltenden) Elemente der menschlichen Erkenntnis gelang es mir allererst nach langem Nachdenken, die reinen Elementarbegriffe der Sinnlichkeit (Raum und Zeit) von denen des Verstandes mit Zuverlässigkeit zu unterscheiden und abzusondern. Dadurch würden nun aus jenem Register die 7 te, 8 te, 9 te Kategorie ausgeschlossen. Die übrigen konnten mir zu nichts nutzen, weil kein Prinzip vorhanden war, nach welchem der Verstand völlig ausgemessen und alle Funktionen desselben, daraus seine reine Begriffe entspringen, vollzählig und mit Präzision bestimmt werden könnten.

Um aber ein solches Prinzip auszufinden, sahe ich mich nach einer Verstandeshandlung um, die alle übrige enthält, und sich nur durch verschiedene Modifikationen oder Momente unterscheidet, das Mannigfaltige der Vorstellung unter die Einheit des Denkens überhaupt zu bringen, und da fand ich, diese Verstandeshandlung bestehe im Urteilen. Hier lag nun schon fertige, obgleich noch nicht ganz von Mängeln freie Arbeit der Logiker vor mir, dadurch ich in den Stand gesetzt wurde, eine vollständige Tafel reiner Verstandesfunktionen, die aber in Ansehung alles Objekts unbestimmt waren, darzustellen. Ich bezog endlich diese Funktionen zu urteilen auf Objekte überhaupt, oder vielmehr auf die Bedingung, Urteile als objektiv-gültig zu bestimmen, und es entsprangen reine Verstandesbegriffe, bei denen ich außer Zweifel sein konnte, daß gerade nur diese, und ihrer nur soviel, nicht mehr noch weniger, unser ganzes Erkenntnis der Dinge aus bloßem Verstande ausmachen können. Ich nannte sie, wie billig, nach ihrem alten Namen Kategorien; wobei ich mir vorbehielt, alle von diesen abzuleitende Begriffe, es sei durch Verknüpfung untereinander, oder mit der reinen Form der Erscheinung (Raum und Zeit) oder mit ihrer Materie, sofern sie noch nicht empirisch bestimmt ist, (Gegenstand der Empfindung überhaupt) unter der Benennung der *Prädikabilien* vollständig hinzuzufügen, sobald ein System der transszendentalen Philosophie, zu deren Behuf ich es jetzt nur mit der Kritik der Vernunft selbst zu tun hatte, zustande kommen sollte.

Das Wesentliche aber in diesem System der Kategorien, dadurch es sich von jener alten Rhapsodie, die ohne alles Prinzip fortging, unterscheidet, und warum es auch allein zur Philosophie gezählt zu werden verdient, besteht darin: daß vermittelst desselben die wahre Bedeutung der reinen Verstandesbegriffe und die Bedingung ihres Gebrauchs genau bestimmt werden konnte. Denn da zeigte sich, daß sie vor sich selbst nichts als logische Funktionen sind, als solche aber nicht den mindesten Begriff von einem Objekte an sich selbst ausmachen, sondern es bedürfen, daß sinnliche Anschauung zum Grunde liege und alsdenn nur dazu dienen, empirische Urteile, die sonst in Ansehung aller Funktionen zu urteilen unbestimmt und gleichgültig sind, in Ansehung derselben zu bestimmen, ihnen dadurch Allgemeingültigkeit zu verschaffen, und vermittelst ihrer *Erfahrungsurteile* überhaupt möglich zu machen.

Von einer solchen Einsicht in die Natur der Kategorien, die sie zugleich auf den bloßen Erfahrungsgebrauch einschränkte, ließ sich weder ihr erster Urheber, noch irgendeiner nach ihm etwas einfallen; aber ohne diese Einsicht (die ganz genau von der Ableitung oder Deduktion derselben abhängt) sind sie gänzlich unnütz und ein elendes Namenregister, ohne Erklärung und Regel ihres Gebrauchs. Wäre dergleichen jemals den Alten in den Sinn gekommen, ohne Zweifel das ganze Studium der reinen Vernunfterkenntnis, welches unter dem Namen Metaphysik viele Jahrhunderte hindurch so manchen guten Kopf verdorben hat, wäre in ganz anderer Gestalt zu uns gekommen, und hätte den Verstand der Menschen aufgeklärt, anstatt ihn, wie wirklich geschehen ist, in düstern und vergeblichen Grübeleien zu erschöpfen, und vor wahre Wissenschaft unbrauchbar zu machen.

Dieses System der Kategorien macht nun alle Behandlung eines jeden Gegenstandes der reinen Vernunft selbst wiederum systematisch, und gibt eine ungezweifelte Anweisung oder Leitfaden ab, wie und durch welche Punkte der Untersuchung jede metaphysische Betrachtung, wenn sie vollständig werden soll, müsse geführt werden: denn es erschöpft alle Momente des Verstandes, unter welche jeder andere Begriff gebracht werden muß. So ist auch die Tafel der Grundsätze entstanden, von deren Vollständigkeit man nur durch das System der Kategorien gewiß sein kann, und selbst in der Einteilung der Begriffe, welche über den physiologischen Verstandesgebrauch hinausgehen sollen, ist es immer derselbe Leitfaden, der, weil er immer durch dieselbe feste, im menschlichen Verstande a priori bestimmte Punkte geführt werden muß, jederzeit einen geschlossenen Kreis bildet, der keinen Zweifel übrig läßt, daß der Gegenstand eines reinen Verstandes- oder Vernunftbegriffs, sofern er philosophisch und nach Grundsätzen a priori erwogen werden soll, auf solche Weise vollständig erkannt werden könne. Ich habe sogar nicht unterlassen können, von dieser Leitung in Ansehung einer der abstraktesten ontologischen Einteilungen, nämlich der mannigfaltigen Unterscheidung der *Begriffe von Etwas und*

*Nichts* Gebrauch zu machen, und darnach eine regelmäßige und notwendige Tafel zustande zu bringen.

Ebendieses System zeigt seinen nicht gnug anzupreisenden Gebrauch, sowie jedes auf ein allgemeines Prinzip gegründetes wahres System, auch darin, daß es alle fremdartige Begriffe, die sich sonst zwischen jene reine Verstandesbegriffe einschleichen möchten, ausstößt, und jedem Erkenntnis seine Stelle bestimmt. Diejenige Begriffe, welche ich unter dem Namen der *Reflexionsbegriffe* gleichfalls nach dem Leitfaden der Kategorien in eine Tafel gebracht hatte, mengen sich in der Ontologie, ohne Vergünstigung und rechtmäßige Ansprüche, unter die reinen Verstandesbegriffe, obgleich diese Begriffe der Verknüpfung, und dadurch des Objekts selbst, jene aber nur der bloßen Vergleichung schon gegebener Begriffe sind, und daher eine ganz andere Natur und Gebrauch haben; durch meine gesetzmäßige Einteilung (Kritik S. 260 [B 316]) werden sie aus diesem Gemenge geschieden. Noch viel heller aber leuchtet der Nutzen jener abgesonderten Tafel der Kategorien in die Augen, wenn wir, wie es gleich jetzt geschehen wird, die Tafel transszendentaler Vernunftbegriffe, die von ganz anderer Natur und Ursprung sind, als jene Verstandesbegriffe, (daher auch eine andere Form haben muß), von jenen trennen, welche so notwendige Absonderung doch niemals in irgendeinem System der Metaphysik geschehen ist, daher jene Vernunftideen mit Verstandesbegriffen, als gehöreten sie, wie Geschwister, zu einer Familie, ohne Unterschied durcheinander laufen, welche Vermengung, in Ermangelung eines besondern Systems der Kategorien, auch niemals vermieden werden konnte.

## Der transszendentalen Hauptfrage
## Dritter Teil
## Wie ist Metaphysik überhaupt möglich?

### § 40

Reine Mathematik und reine Naturwissenschaft hätten zum *Behuf ihrer eigenen Sicherheit* und Gewißheit keiner dergleichen Deduktion bedurft, als wir bisher von beiden zustande gebracht haben; denn die erstere stützt sich auf ihre eigene Evidenz; die zweite aber, obgleich aus reinen Quellen des Verstandes entsprungen, dennoch auf Erfahrung und deren durchgängige Bestätigung, welcher letztern Zeugnis sie darum nicht gänzlich ausschlagen und entbehren kann, weil sie mit aller ihrer Gewißheit dennoch, als Philosophie, es der Mathematik niemals gleich tun kann. Beide Wissenschaften hatten also die gedachte Untersuchung nicht für sich, sondern für eine andere Wissenschaft, nämlich Metaphysik, nötig.

Metaphysik hat es, außer mit Naturbegriffen, die in der Erfahrung jederzeit ihre Anwendung finden, noch mit reinen Vernunftbegriffen zu tun, die niemals in irgendeiner nur immer möglichen Erfahrung gegeben werden, mithin mit Begriffen, deren objektive Realität (daß sie nicht bloße Hirngespinste sind) und mit Behauptungen, deren Wahrheit oder Falschheit durch keine Erfahrung bestätigt oder aufgedeckt werden kann, und dieser Teil der Metaphysik ist überdem gerade derjenige, welcher den wesentlichen Zweck derselben, wozu alles andre nur Mittel ist, ausmacht, und so bedarf diese Wissenschaft einer solchen Deduktion *um ihrer selbst willen*. Die uns jetzt vorgelegte dritte Frage betrifft also gleichsam den Kern und das Eigentümliche der Metaphysik, nämlich die Beschäftigung der Vernunft bloß mit sich selbst, und, indem sie über ihre eigene Begriffe brütet, die unmittelbar daraus vermeintlich entspringende Bekanntschaft mit Objekten, ohne dazu der Vermittelung der Erfahrung nötig zu haben, noch überhaupt durch dieselbe dazu gelangen zu können.

Ohne Auflösung dieser Frage tut sich Vernunft niemals selbst gnug. Der Erfahrungsgebrauch, auf welchen die Vernunft den reinen Verstand einschränkt, erfüllt nicht ihre eigene ganze Bestimmung. Jede einzelne Erfahrung ist nur ein Teil von der ganzen Sphäre ihres Gebietes, *das absolute Ganze aller möglichen Erfahrung* ist aber selbst keine Erfahrung, und dennoch ein notwendiges Problem vor die Vernunft, zu dessen bloßer Vorstellung sie ganz anderer Begriffe nötig hat, als jener reinen Verstandesbegriffe, deren Gebrauch nur *immanent* ist, d. i. auf Erfahrung geht, soweit sie gegeben werden kann, indessen daß Vernunftbegriffe auf die Vollständigkeit, d. i. die kollektive Einheit der ganzen möglichen Erfahrung und dadurch über jede gegebne Erfahrung hinausgehen, und *transszendent* werden.

So wie also der Verstand der Kategorien zur Erfahrung bedurfte, so enthält die Vernunft in sich den Grund zu Ideen, worunter ich notwendige Begriffe verstehe, deren Gegenstand gleichwohl in keiner Erfahrung gegeben werden kann. Die letztern sind ebensowohl in der Natur der Vernunft, als die erstere in der Natur des Verstandes gelegen, und, wenn jene einen Schein bei sich führen, der leicht verleiten kann, so ist dieser Schein unvermeidlich, obzwar "daß er nicht verführe" gar wohl verhütet werden *kann*.

Da aller Schein darin besteht, daß der subjektive Grund des Urteils vor objektiv gehalten wird, so wird ein Selbsterkenntnis der reinen Vernunft in ihrem transszendenten (überschwenglichen) Gebrauch das einzige Verwahrungsmittel gegen die Verirrungen sein, in welche die Vernunft gerät, wenn sie ihre Bestimmung mißdeutet, und dasjenige transszendenter Weise aufs Objekt an sich selbst bezieht, was nur ihr eigenes Subjekt und die Leitung desselben in allem immanenten Gebrauche angeht.

### *§ 41*

Die Unterscheidung der *Ideen*, d. i. der reinen Vernunftbegriffe, von den Kategorien, oder reinen Verstandesbegriffen, als Erkenntnissen von ganz verschiedener Art, Ursprung und Gebrauch, ist ein so wichtiges Stück zur Grundlegung einer Wissenschaft, welche das System aller dieser Erkenntnisse a priori enthalten soll, daß ohne eine solche Absonderung Metaphysik schlechterdings unmöglich oder höchstens ein regelloser stümperhafter Versuch ist, ohne Kenntnis der Materialien, womit man sich beschäftigt, und ihrer Tauglichkeit zu dieser oder jener Absicht ein Kartengebäude zusammenzuflicken. Wenn Kritik d. r. V. auch nur das allein geleistet hätte, diesen Unterschied zuerst vor Augen zu legen, so hätte sie dadurch schon mehr zur Aufklärung unseres Begriffs und der Leitung der Nachforschung im Felde der Metaphysik beigetragen, als alle fruchtlose Bemühungen, den transszendenten Aufgaben der r. V. ein Gnüge zu tun, die man von jeher unternommen hat, ohne jemals zu wähnen, daß man sich in einem ganz andern Felde befände, als dem des Verstandes, und daher Verstandes- und Vernunftbegriffe, gleich als ob sie von einerlei Art wären, in einem Striche hernannte.

### *§ 42*

Alle reine Verstandeserkenntnisse haben das an sich, daß sich ihre Begriffe in der Erfahrung geben, und ihre Grundsätze durch Erfahrung bestätigen lassen; dagegen die transszendenten Vernunfterkenntnisse sich, weder was ihre *Ideen* betrifft, in der Erfahrung geben, noch ihre *Sätze* jemals durch Erfahrung bestätigen, noch widerlegen lassen; daher der dabei vielleicht einschleichende Irrtum durch nichts anders, als reine Vernunft selbst, aufgedeckt werden kann, welches aber sehr schwer ist, weil ebendiese Vernunft vermittelst ihrer Ideen natürlicherweise dialektisch wird, und dieser unvermeidliche Schein durch keine objektive und dogmatische Untersuchungen der Sachen, sondern bloß durch subjektive, der Vernunft selbst, als eines Quells der Ideen, in Schranken gehalten werden kann.

## *§ 43*

Es ist jederzeit in der Kritik mein größtes Augenmerk gewesen, wie ich nicht allein die Erkenntnisarten sorgfältig unterscheiden, sondern auch alle zu jeder derselben gehörige Begriffe aus ihrem gemeinschaftlichen Quell ableiten könnte, damit ich nicht allein dadurch, daß ich unterrichtet wäre, woher sie abstammen, ihren Gebrauch mit Sicherheit bestimmen könnte, sondern auch den noch nie vermuteten, aber unschätzbaren Vorteil hätte, die Vollständigkeit in der Aufzählung, Klassifizierung und Spezifizierung der Begriffe a priori, mithin nach Prinzipien zu erkennen. Ohne dieses ist in der Metaphysik alles lauter Rhapsodie, wo man niemals weiß, ob dessen, was man besitzt, gnug ist, oder ob, und wo, noch etwas fehlen möge. Freilich kann man diesen Vorteil auch nur in der reinen Philosophie haben, von dieser aber macht derselbe auch das Wesen aus.

Da ich den Ursprung der Kategorien in den vier logischen Funktionen aller Urteile des Verstandes gefunden hatte, so war es ganz natürlich, den Ursprung der Ideen in den drei Funktionen der Vernunftschlüsse zu suchen; denn wenn einmal solche reine Vernunftbegriffe (transszendentale Ideen) gegeben sind, so könnten sie, wenn man sie nicht etwa vor angeboren halten will, wohl nirgends anders, als in derselben Vernunfthandlung angetroffen werden, welche, sofern sie bloß die Form betrifft, das Logische der Vernunftschlüsse, sofern sie aber die Verstandesurteile in Ansehung einer oder der andern Form a priori als bestimmt vorstellt, transszendentale Begriffe der reinen Vernunft ausmacht.

Der formale Unterschied der Vernunftschlüsse macht die Einteilung derselben in kategorische, hypothetische und disjunktive notwendig. Die darauf gegründete Vernunftbegriffe enthalten also erstlich die Idee des vollständigen Subjekts (Substantiale), zweitens die Idee der vollständigen Reihe der Bedingungen, drittens die Bestimmung aller Begriffe in der Idee eines vollständigen Inbegriffs des Möglichen. Die erste Idee war psychologisch, die zweite kosmologisch, die dritte theologisch und, da alle drei zu einer Dialektik Anlaß geben, doch jede auf ihre eigene Art, so gründete sich darauf die Einteilung der ganzen Dialektik der reinen Vernunft: in den Paralogismus, die

Antinomie, und endlich das Ideal derselben, durch welche Ableitung man völlig sicher gestellt wird, daß alle Ansprüche der reinen Vernunft hier ganz vollständig vorgestellt sind, und kein einziger fehlen kann, weil das Vernunftvermögen selbst, als woraus sie allen ihren Ursprung nehmen, dadurch gänzlich ausgemessen wird.

## *§ 44*

Es ist bei dieser Betrachtung im allgemeinen noch merkwürdig: daß die Vernunftideen nicht etwa so wie die Kategorien, uns zum Gebrauche des Verstandes in Ansehung der Erfahrung irgend etwas nutzen, sondern in Ansehung desselben völlig entbehrlich, ja wohl gar den Maximen des Vernunfterkenntnisses der Natur entgegen und hinderlich, gleichwohl aber doch in anderer noch zu bestimmender Absicht notwendig sind. Ob die Seele eine einfache Substanz sei, oder nicht, das kann uns zur Erklärung der Erscheinungen derselben ganz gleichgültig sein; denn wir können den Begriff eines einfachen Wesens durch keine mögliche Erfahrung sinnlich, mithin in concreto verständlich machen, und so ist er, in Ansehung aller verhofften Einsicht in die Ursache der Erscheinungen, ganz leer, und kann zu keinem Prinzip der Erklärung dessen, was innere oder äußere Erfahrung an die Hand gibt, dienen. Ebensowenig können uns die kosmologischen Ideen vom Weltanfange oder der Weltewigkeit (a parte ante) dazu nutzen, um irgendeine Begebenheit in der Welt selbst daraus zu erklären. Endlich müssen wir, nach einer richtigen Maxime der Naturphilosophie, uns aller Erklärung der Natureinrichtung, die aus dem Willen eines höchsten Wesens gezogen worden, enthalten, weil dieses nicht mehr Naturphilosophie ist, sondern ein Geständnis, daß es damit bei uns zu Ende gehe. Es haben also diese Ideen eine ganz andere Bestimmung ihres Gebrauchs, als jene Kategorien, durch die, und die darauf gebauten Grundsätze, Erfahrung selbst allererst möglich ward. Indessen würde doch unsre mühsame Analytik des Verstandes, wenn unsre Absicht auf nichts anders als bloße Naturerkenntnis, so wie sie in der Erfahrung gegeben werden kann, gerichtet wäre, auch ganz überflüssig sein; denn Vernunft verrichtet ihr Geschäfte sowohl in der Mathematik als Naturwissenschaft auch ohne alle diese subtile Deduktion ganz sicher und gut: also vereinigt sich unsre Kritik des Verstandes mit den Ideen der reinen Vernunft zu einer Absicht, welche über den Erfahrungsgebrauch des Verstandes hinausgesetzt ist, von welchem wir doch oben gesagt haben, daß er in diesem Betracht gänzlich unmöglich, und ohne Gegenstand oder Bedeutung sei. Es muß aber dennoch zwischen dem, was zur

Natur der Vernunft und des Verstandes gehört, Einstimmung sein, und jene muß zur Vollkommenheit der letztern beitragen und kann sie unmöglich verwirren.

Die Auflösung dieser Frage ist folgende: Die reine Vernunft hat unter ihren Ideen nicht besondere Gegenstände, die über das Feld der Erfahrung hinauslägen, zur Absicht, sondern fodert nur Vollständigkeit des Verstandesgebrauchs im Zusammenhange der Erfahrung. Diese Vollständigkeit aber kann nur eine Vollständigkeit der Prinzipien, aber nicht der Anschauungen und Gegenstände sein. Gleichwohl, um sich jene bestimmt vorzustellen, denkt sie sich solche, als die Erkenntnis eines Objekts, dessen Erkenntnis in Ansehung jener Regeln vollständig bestimmt ist, welches Objekt aber nur eine Idee ist, um die Verstandeserkenntnis der Vollständigkeit, die jene Idee bezeichnet, so nahe wie möglich zu bringen.

## § 45
## Vorläufige Bemerkung zur Dialektik der reinen Vernunft

Wir haben oben § 33, 34 gezeigt: daß die Reinigkeit der Kategorien von aller Beimischung sinnlicher Bestimmungen die Vernunft verleiten könne, ihren Gebrauch gänzlich über alle Erfahrung hinaus, auf Dinge an sich selbst auszudehnen, wiewohl, da sie selbst keine Anschauung finden, welche ihnen Bedeutung und Sinn in concreto verschaffen könnte, sie als bloß logische Funktionen zwar ein Ding überhaupt vorstellen, aber vor sich allein keinen bestimmten Begriff von irgendeinem Dinge geben können. Dergleichen hyperbolische Objekte sind nun die, so man Noumena oder reine Verstandeswesen (besser Gedankenwesen) nennt, als z. B. *Substanz*, welche aber *ohne Beharrlichkeit* in der Zeit gedacht wird, oder eine *Ursache*, die aber *nicht in der Zeit* wirkte, usw. da man ihnen denn Prädikate beilegt, die bloß dazu dienen, die Gesetzmäßigkeit der Erfahrung möglich zu machen, und gleichwohl alle Bedingungen der Anschauung, unter denen allein Erfahrung möglich ist, von ihnen wegnimmt, wodurch jene Begriffe wiederum alle Bedeutung verlieren.

Es hat aber keine Gefahr, daß der Versutand von selbst, ohne durch fremde Gesetze gedrungen zu sein, über seine Grenzen so ganz mutwillig in das Feld von bloßen Gedankenwesen ausschweifen werde. Wenn aber die Vernunft, die mit keinem Erfahrungsgebrauche der Verstandesregeln, als der immer noch bedingt ist, völlig befriedigt sein kann, Vollendung dieser Kette von Bedingungen fodert, so wird der Verstand aus seinem Kreise getrieben, um teils

Gegenstände der Erfahrung in einer so weit erstreckten Reihe vorzustellen, dergleichen gar keine Erfahrung fassen kann, teils sogar (um sie zu vollenden) gänzlich außerhalb derselben Noumena zu suchen, an welche sie jene Kette knüpfen und dadurch, von Erfahrungsbedingungen endlich einmal unabhängig, ihre Haltung gleichwohl vollständig machen könne. Das sind nun die transszendentalen Ideen, welche, sie mögen nun nach dem wahren, aber verborgenen Zwecke der Naturbestimmung unserer Vernunft, nicht auf überschwengliche Begriffe, sondern bloß auf unbegrenzte Erweiterung des Erfahrungsgebrauchs angelegt sein, dennoch durch einen unvermeidlichen Schein dem Verstande einen *transszendenten* Gebrauch ablocken, der, obzwar betrüglich, dennoch durch keinen Vorsatz innerhalb den Grenzen der Erfahrung zu bleiben, sondern nur durch wissenschaftliche Belehrung und mit Mühe in Schranken gebracht werden kann.

## *§ 46*
## *I.* Psychologische Ideen

Man hat schon längst angemerkt, daß uns an allen Substanzen das eigentliche Subjekt, nämlich das, was übrig bleibt, nachdem alle Accidenzen (als Prädikate) abgesondert worden, mithin das *Substantiale* selbst, unbekannt sei, und über diese Schranken unsrer Einsicht vielfältig Klagen geführt. Es ist aber hiebei wohl zu merken, daß der menschliche Verstand darüber nicht in Anspruch zu nehmen sei: daß er das Substantiale der Dinge nicht kennt, d. i. vor sich allein bestimmen kann, sondern vielmehr darüber, daß er es, als eine bloße Idee, gleich einem gegebenen Gegenstande bestimmt, zu erkennen verlangt. Die reine Vernunft fodert, daß wir zu jedem Prädikate eines Dinges sein ihm zugehöriges Subjekt, zu diesem aber, welches notwendigerweise wiederum nur Prädikat ist, fernerhin sein Subjekt und so forthin ins Unendliche (oder soweit wir reichen) suchen sollen. Aber hieraus folgt, daß wir nichts, wozu wir gelangen können, vor ein letztes Subjekt halten sollen, und daß das Substantiale selbst niemals von unserm noch so tief eindringenden Verstande, selbst wenn ihm die ganze Natur aufgedeckt wäre, gedacht werden könne; weil die spezifische Natur unseres Verstandes darin besteht, alles diskursiv d. i. durch Begriffe, mithin auch durch lauter Prädikate zu denken, wozu also das absolute Subjekt jederzeit fehlen muß. Daher sind alle reale Eigenschaften, dadurch wir Körper erkennen, lauter Accidenzen, sogar die Undurchdringlichkeit, die man sich immer nur als die Wirkung einer Kraft vorstellen muß, dazu uns das Subjekt fehlt.

Nun scheint es, als ob wir in dem Bewußtsein unserer selbst (dem denkenden Subjekt) dieses Substantiale haben, und zwar in einer unmittelbaren Anschauung; denn alle Prädikate des innern Sinnes beziehen sich auf das Ich, als Subjekt, und dieses kann nicht weiter als Prädikat irgendeines andern Subjekts gedacht werden. Also scheint hier die Vollständigkeit in der Beziehung der gegebenen Begriffe als Prädikate auf ein Subjekt nicht bloß Idee, sondern der Gegenstand, nämlich das *absolute Subjekt* selbst, in der Erfahrung gegeben zu sein. Allein diese Erwartung wird vereitelt. Denn das Ich ist gar kein Begriff, sondern nur Bezeichnung des Gegenstandes des innern Sinnes, sofern wir es durch kein Prädikat weiter erkennen, mithin kann es zwar an sich kein Prädikat von einem andern Dinge sein, aber ebenso wenig auch ein bestimmter Begriff eines absoluten Subjekts, sondern nur, wie in allen andern Fällen, die Beziehung der innern Erscheinungen auf das unbekannte Subjekt derselben. Gleichwohl veranlaßt diese Idee, (die gar wohl dazu dient, als regulatives Prinzip alle materialistische Erklärungen der innern Erscheinungen unserer Seele gänzlich zu vernichten) durch einen ganz natürlichen Mißverstand ein sehr scheinbares Argument, um aus diesem vermeinten Erkenntnis von dem Substantiale unseres denkenden Wesens seine Natur, sofern die Kenntnis derselben ganz außer den Inbegriff der Erfahrung hinausfällt, zu schließen.

## *§ 47*

Dieses denkende Selbst (die Seele) mag nun aber auch als das letzte Subjekt des Denkens, was selbst nicht weiter als Prädikat eines andern Dinges vorgestellt werden kann, Substanz heißen: so bleibt dieser Begriff doch gänzlich leer, und ohne alle Folgen, wenn nicht von ihm die Beharrlichkeit als das, was den Begriff der Substanzen in der Erfahrung fruchtbar macht, bewiesen werden kann.

Die Beharrlichkeit kann aber niemals aus dem Begriffe einer Substanz, als eines Dinges an sich, sondern nur zum Behuf der Erfahrung bewiesen werden. Dieses ist bei der ersten Analogie der Erfahrung hinreichend dargetan worden, (Kritik S. 182 [B 224]) und, will man sich diesem Beweise nicht ergeben, so darf man nur den Versuch selbst anstellen, ob es gelingen werde, aus dem Begriffe eines Subjekts, was selbst nicht als Prädikat eines andern Dinges existiert, zu beweisen, daß sein Dasein durchaus beharrlich sei, und daß es, weder an sich selbst, noch durch irgendeine Natursache entstehen, oder vergehen könne. Dergleichen synthetische Sätze a priori können niemals an sich selbst, sondern jederzeit nur in Beziehung auf Dinge als Gegenstände einer möglichen Erfahrung bewiesen werden.

### § 48

Wenn wir also aus dem Begriffe der Seele als Substanz auf Beharrlichkeit derselben schließen wollen: so kann dieses von ihr doch nur zum Behuf möglicher Erfahrung, und nicht von ihr als einem Dinge an sich selbst und über alle mögliche Erfahrung hinaus gelten. Nun ist die subjektive Bedingung aller unserer möglichen Erfahrung das Leben: folglich kann nur auf die Beharrlichkeit der Seele im Leben geschlossen werden, denn der Tod des Menschen ist das Ende aller Erfahrung, was die Seele als einen Gegenstand derselben betrifft, wofern nicht das Gegenteil dargetan wird, als wovon eben die Frage ist. Also kann die Beharrlichkeit der Seele nur im Leben des Menschen (deren Beweis man uns wohl schenken wird) aber nicht nach dem Tode (als woran uns eigentlich gelegen ist) dargetan werden, und zwar aus dem allgemeinen Grunde, weil der Begriff der Substanz, sofern er mit dem Begriff der Beharrlichkeit als notwendig verbunden angesehen werden soll, dieses nur nach einem Grundsatze möglicher Erfahrung und also auch nur zum Behuf derselben sein kann.

### § 49

Daß unseren äußeren Wahrnehmungen etwas Wirkliches außer uns nicht bloß korrespondiere, sondern auch korrespondieren müsse, kann gleichfalls niemals als Verknüpfung der Dinge an sich selbst, wohl aber zum Behuf der Erfahrung bewiesen werden. Dieses will soviel sagen: daß etwas auf empirische Art, mithin als Erscheinung im Raume außer uns sei, kann man gar wohl beweisen; denn mit andern Gegenständen, als denen, die zu einer möglichen Erfahrung gehören, haben wir es nicht zu tun, ebendarum, weil sie uns in keiner Erfahrung gegeben werden können, und also vor uns nichts sind. Empirisch außer mir ist das, was im Raume angeschaut wird, und da dieser samt allen Erscheinungen, die er enthält, zu den Vorstellungen gehört, deren Verknüpfung nach Erfahrungsgesetzen ebensowohl ihre objektive Wahrheit beweiset, als die Verknüpfung der Erscheinungen des innern Sinnes die Wirklichkeit meiner Seele (als eines Gegenstandes des innern Sinnes), so bin ich mir vermittelst der äußern Erfahrung ebensowohl der Wirklichkeit der Körper, als äußerer Erscheinungen im Raume, wie vermittelst der innern Erfahrung des Daseins meiner Seele in der Zeit bewußt, die ich auch nur, als einen Gegenstand des innern Sinnes, durch Erscheinungen, die einen innern Zustand ausmachen, erkenne, und wovon mir das Wesen an sich selbst, das diesen Erscheinungen zum Grunde liegt, unbekannt ist. Der Cartesianische Idealism unterscheidet also nur äußere Erfahrung vom Traume, und die Gesetzmäßigkeit als ein Kriterium der Wahrheit der erstern von der Regellosigkeit und dem falschen Schein des letztern. Er setzt in beiden Raum und Zeit als Bedingungen des Daseins der Gegenstände voraus, und frägt nur, ob die Gegenstände äußerer Sinne wirklich im Raum anzutreffen seien, die wir darin im Wachen setzen, sowie der Gegenstand des innern Sinnes, die Seele, wirklich in der Zeit ist, d. i. ob Erfahrung sichere Kriterien der Unterscheidung von Einbildung bei sich führe. Hier läßt sich der Zweifel nun leicht heben, und wir heben ihn auch jederzeit im gemeinen Leben dadurch, daß wir die Verknüpfung der Erscheinungen in beiden nach allgemeinen Gesetzen der Erfahrung untersuchen, und können, wenn die Vorstellung äußerer Dinge damit durchgehends übereinstimmt, nicht zweifeln, daß sie nicht wahrhafte Erfahrung ausmachen sollten. Der materiale Idealism, da Erscheinungen als Erscheinungen nur nach ihrer Verknüpfung in der Erfahrung betrachtet werden, läßt also sich sehr leicht heben, und es ist eine ebenso sichere Erfahrung, daß Körper außer uns (im Raume) existieren, als daß ich selbst, nach der Vorstellung des innern Sinnes (in der Zeit) da bin. Denn der Begriff: *außer uns*, bedeutet nur die Existenz im Raume. Da aber das Ich, in dem Satze: *Ich bin*, nicht bloß den Gegenstand der innern Anschauung (in der Zeit), sondern das Subjekt des Bewußtseins, sowie Körper nicht bloß die äußere Anschauung (im Raume), sondern auch das Ding *an sich selbst* bedeutet, was dieser Erscheinung zum Grunde liegt, so kann die Frage: ob die Körper (als Erscheinungen des äußern Sinnes) *außer meinen Gedanken* als Körper in der Natur existieren, ohne alles Bedenken verneinet werden; aber darin verhält es sich gar nicht anders mit der Frage, ob ich selbst *als Erscheinung des innern Sinnes* (Seele nach der empirischen Psychologie) außer meiner Vorstellungskraft in der Zeit existiere, denn diese muß ebensowohl verneinet werden. Auf solche Weise ist alles, wenn es auf seine wahre Bedeutung gebracht wird, entschieden und gewiß. Der formale Idealism (sonst von mir transszendentale genannt) hebt wirklich den materiellen oder Cartesianischen auf. Denn wenn der Raum nichts als eine Form meiner Sinnlichkeit ist, so ist er als Vorstellung in mir ebenso wirklich, als ich selbst, und es kommt nur noch auf die empirische Wahrheit der Erscheinungen in demselben an. Ist das aber nicht, sondern der Raum und Erscheinungen in ihm sind etwas außer uns Existierendes, so können alle Kriterien der Erfahrung außer unserer Wahrnehmung niemals die Wirklichkeit dieser Gegenstände außer uns beweisen.

## § 50
## II. Kosmologische Ideen

Dieses Produkt der reinen Vernunft in ihrem transszendenten Gebrauch ist das merkwürdigste Phänomen derselben, welches auch unter allen am kräftigsten wirkt, die Philosophie aus ihrem dogmatischen Schlummer zu erwecken und sie zu dem schweren Geschäfte der Kritik der Vernunft selbst zu bewegen.

Ich nenne diese Idee deswegen kosmologisch, weil sie ihr Objekt jederzeit nur in der Sinnenwelt nimmt, auch keine andere als die, deren Gegenstand ein Objekt der Sinne ist, braucht, mithin sofern einheimisch und nicht transszendent, folglich bis dahin noch keine Idee ist; dahingegen, die Seele sich als eine einfache Substanz denken, schon so viel heißt, als sich einen Gegenstand denken (das Einfache), dergleichen den Sinnen gar nicht vorgestellt werden können. Demungeachtet erweitert doch die kosmologische Idee die Verknüpfung des Bedingten mit seiner Bedingung (diese mag mathematisch oder dynamisch sein) so sehr, daß Erfahrung ihr niemals gleichkommen kann, und ist also in Ansehung dieses Punkts immer eine Idee, deren Gegenstand niemals adäquat in irgendeiner Erfahrung gegeben werden kann.

## § 51

Zuerst zeigt sich hier der Nutzen eines Systems der Kategorien so deutlich und unverkennbar, daß, wenn es auch nicht mehrere Beweistümer desselben gäbe, dieser allein ihre Unentbehrlichkeit im System der reinen Vernunft hinreichend dartun würde. Es sind solcher transszendenten Ideen nicht mehr als vier, so viel als Klassen der Kategorien; in jeder derselben aber gehen sie nur auf die absolute Vollständigkeit der Reihe der Bedingungen zu einem gegebenen Bedingten. Diesen kosmologischen Ideen gemäß gibt es auch nur viererlei dialektische Behauptungen der reinen Vernunft, die, da sie dialektisch sind, dadurch selbst beweisen, daß einer jeden, nach ebenso scheinbaren Grundsätzen der reinen Vernunft, ein ihm widersprechender entgegensteht, welchen Widerstreit keine metaphysische Kunst der subtilsten Distinktion verhüten kann, sondern die den Philosophen nötigt, zu den ersten Quellen der reinen Vernunft selbst zurückzugehen. Diese nicht etwa beliebig erdachte, sondern in der Natur der menschlichen Vernunft gegründete, mithin unvermeidliche und niemals ein Ende nehmende Antinomie, enthält nun folgende vier Sätze samt ihren Gegensätzen.

1.
**Satz**
Die Welt hat der Zeit und dem Raum nach einen *Anfang* (Grenze)

**Gegensatz**
Die Welt ist der Zeit und dem Raum nach *unendlich*

2.
**Satz**
Alles in der Welt besteht aus dem *Einfachen*

**Gegensatz**
Es ist nichts Einfaches, sondern alles ist *zusammengesetzt*

3.
**Satz**
Es gibt in der Welt Ursachen durch *Freiheit*

**Gegensatz**
Es ist keine Freiheit, sondern alles ist *Natur*

4.
**Satz**
In der Reihe der Weltursachen ist irgendein *notwendiges Wesen*

**Gegensatz**
Es ist in ihr nichts notwendiges, sondern in dieser Reihe *ist alles zufällig*

## § 52

Hier ist nun das seltsamste Phänomen der menschlichen Vernunft, wovon sonst kein Beispiel in irgendeinem andern Gebrauch derselben gezeigt werden kann. Wenn wir, wie es gewöhnlich ugeschieht, uns die Erscheinungen der Sinnenwelt als Dinge an sich selbst denken, wenn wir die Grundsätze ihrer Verbindung als allgemein von Dingen an sich selbst und nicht bloß von der Erfahrung geltende Grundsätze annehmen, wie denn dieses ebenso gewöhnlich, ja ohne unsre Kritik unvermeidlich ist: so tut sich ein nicht vermuteter Widerstreit hervor, der niemals auf dem gewöhnlichen dogmatischen Wege beigelegt werden kann, weil sowohl Satz als Gegensatz durch gleich einleuchtende klare und unwiderstehliche Beweise dargetan werden können, – denn vor die Richtigkeit aller dieser Beweise verbürge ich mich, – und die Vernunft sich also mit sich selbst entzweit sieht, ein Zustand, über den der Skeptiker frohlockt, der kritische Philosoph aber in Nachdenken und Unruhe versetzt werden muß.

## *§ 52b*

Man kann in der Metaphysik auf mancherlei Weise herumpfuschen, ohne eben zu besorgen, daß man auf Unwahrheit werde betreten werden. Denn wenn man sich nur nicht selbst widerspricht, welches in synthetischen, obgleich gänzlich erdichteten Sätzen gar wohl möglich ist: so können wir in allen solchen Fällen, wo die Begriffe, die wir verknüpfen, bloße Ideen sind, die gar nicht (ihrem ganzen Inhalte nach) in der Erfahrung gegeben werden können, niemals durch Erfahrung widerlegt werden. Denn wie wollten wir es durch Erfahrung ausmachen: ob die Welt von Ewigkeit her sei, oder einen Anfang habe, ob Materie ins Unendliche teilbar sei, oder aus einfachen Teilen bestehe. Dergleichen Begriffe lassen sich in keiner, auch der größtmöglichen Erfahrung geben, mithin die Unrichtigkeit des behauptenden oder verneinenden Satzes durch diesen Probierstein nicht entdecken.

Der einzige mögliche Fall, da die Vernunft ihre geheime Dialektik, die sie fälschlich vor Dogmatik ausgibt, wider ihren Willen offenbarete, wäre der, wenn sie auf einen allgemein zugestandnen Grundsatz eine Behauptung gründete, und aus einem andern ebenso beglaubigten mit der größten Richtigkeit der Schlußart gerade das Gegenteil folgerte. Dieser Fall ist hier nun wirklich, und zwar in Ansehung vier natürlicher Vernunftideen, woraus vier Behauptungen einerseits, und ebensoviel Gegenbehauptungen andererseits, jede mit richtiger Konsequenz aus allgemein zugestandnen Grundsätzen entspringen und dadurch den dialektischen Schein der reinen Vernunft im Gebrauch dieser Grundsätze offenbaren, der sonst auf ewig verborgen sein müßte.

Hier ist also ein entscheidender Versuch, der uns notwendig eine Unrichtigkeit entdecken muß, die in den Voraussetzungen der Vernunft verborgen liegt. Von zwei einander widersprechenden Sätzen können nicht alle beide falsch sein, außer, wenn der Begriff selbst widersprechend ist, der beiden zum Grunde liegt; z. B. die zwei Sätze: ein viereckichter Zirkel ist rund, und ein viereckichter Zirkel ist nicht rund, sind beide falsch. Denn was den ersten betrifft, so ist es falsch, daß der genannte Zirkel rund sei, weil er viereckicht ist; es ist aber auch falsch, daß er nicht rund, d. i. eckicht sei, weil er ein Zirkel ist. Denn darin besteht eben das logische Merkmal der Unmöglichkeit eines Begriffs, daß unter desselben Voraussetzung zwei widersprechende Sätze zugleich falsch sein würden, mithin, weil kein Drittes zwischen ihnen gedacht werden kann, durch jenen Begriff *gar nichts* gedacht wird.

### § 52c

Nun liegt den zwei ersteren Antinomien, die ich mathematische nenne, weil sie sich mit der Hinzusetzung oder Teilung des Gleichartigen beschäftigen, ein solcher widersprechender Begriff zum Grunde; und daraus erkläre ich, wie es zugehe: daß Thesis sowohl als Antithesis bei beiden falsch sind.

Wenn ich von Gegenständen in Zeit und Raum rede, so rede ich nicht von Dingen an sich selbst, darum, weil ich von diesen nichts weiß, sondern nur von Dingen in der Erscheinung, d. i. von der Erfahrung, als einer besondern Erkenntnisart der Objekte, die dem Menschen allein vergönnet ist. Was ich nun im Raume oder in der Zeit denke, von dem muß ich nicht sagen: daß es an sich selbst, auch ohne diesen meinen Gedanken, im Raume und der Zeit sei; denn da würde ich mir selbst widersprechen; weil Raum und Zeit, samt den Erscheinungen in ihnen, nichts an sich selbst und außer meinen Vorstellungen Existierendes, sondern selbst nur Vorstellungsarten sind, und es offenbar widersprechend ist, zu sagen, daß eine bloße Vorstellungsart auch außer unserer Vorstellung existiere. Die Gegenstände also der Sinne existieren nur in der Erfahrung; dagegen auch ohne dieselbe, oder vor ihr, ihnen eine eigene vor sich bestehende Existenz zu geben, heißt soviel, als sich vorstellen, Erfahrung sei auch ohne Erfahrung, oder vor derselben wirklich.

Wenn ich nun nach der Weltgröße, dem Raume und der Zeit nach, frage, so ist es vor alle meine Begriffe ebenso unmöglich zu sagen, sie sei unendlich, als sie sei endlich. Denn keines von beiden kann in der Erfahrung enthalten sein, weil weder von einem *unendlichen* Raume, oder unendlicher verflossener Zeit, noch der *Begrenzung* der Welt durch einen leeren Raum, oder eine vorhergehende leere Zeit, Erfahrung möglich ist; das sind nur Ideen. Also müßte diese, auf die eine oder die andre Art bestimmte Größe der Welt in ihr selbst liegen, abgesondert von aller Erfahrung. Dieses widerspricht aber dem Begriffe einer Sinnenwelt, die nur ein Inbegriff der Erscheinung ist, deren Dasein und Verknüpfung nur in der Vorstellung, nämlich der Erfahrung, stattfindet, weil sie nicht Sache an sich, sondern selbst nichts als Vorstellungsart ist. Hieraus folgt, daß, da der Begriff einer vor sich existierenden Sinnenwelt in sich selbst widersprechend ist, die Auflösung des Problems wegen ihrer Größe auch jederzeit falsch sein werde, man mag sie nun bejahend oder verneinend versuchen.

Ebendieses gilt von der zweiten Antinomie, die die Teilung der Erscheinungen betrifft. Denn diese sind bloße Vorstellungen, und die Teile existieren bloß in der Vorstellung derselben, mithin in der Teilung, d. i. in einer möglichen Erfahrung, darin sie gegeben werden, und jene geht daher nur soweit, als diese reicht. Anzunehmen, daß eine Erscheinung, z. B. die des Körpers, alle Teile vor aller Erfahrung an sich selbst enthalte, zu denen nur immer mögliche Erfahrung gelangen kann, heißt: einer bloßen Erscheinung, die nur in der Erfahrung existieren kann, doch zugleich eine eigene vor Erfahrung vorhergehende Existenz geben, oder zu sagen, daß bloße Vorstellungen da sind, ehe sie in der Vorstellungskraft angetroffen werden, welches sich widerspricht, und mithin auch jede Auflösung der mißverstandnen Aufgabe, man mag darinne behaupten, die Körper bestehen an sich aus unendlich viel Teilen oder einer endlichen Zahl einfacher Teile.

## § 53

In der ersten Klasse der Antinomie (der mathematischen) bestand die Falschheit der Voraussetzung darin: daß, was sich widerspricht (nämlich Erscheinung als Sache an sich selbst) als vereinbar in einem Begriffe vorgestellt wurde. Was aber die zweite, nämlich dynamische Klasse der Antinomie betrifft, so besteht die Falschheit der Voraussetzung darin: daß, was vereinbar ist, als widersprechend vorgestellt wird, folglich, da im ersteren Falle alle beide einander entgegengesetzte Behauptungen falsch waren, hier wiederum solche, die durch bloßen Mißverstand einander entgegengesetzt werden, alle beide wahr sein können.

Die mathematische Verknüpfung nämlich setzt notwendig Gleichartigkeit des Verknüpften (im Begriffe der Größe) voraus, die dynamische erfordert dieses keinesweges. Wenn es auf die Größe des Ausgedehnten ankommt, so müssen alle Teile unter sich, und mit dem Ganzen gleichartig sein; dagegen in der Verknüpfung der Ursache und Wirkung kann zwar auch Gleichartigkeit angetroffen werden, aber sie ist nicht notwendig; denn der Begriff der Kausalität (vermittelst dessen durch Etwas etwas ganz davon Verschiedenes gesetzt wird) erfordert sie wenigstens nicht.

Würden die Gegenstände der Sinnenwelt vor Dinge an sich selbst genommen, und die oben angeführte Naturgesetze vor Gesetze der Dinge an sich selbst, so wäre der Widerspruch unvermeidlich. Ebenso, wenn das Subjekt der Freiheit gleich den übrigen Gegenständen als bloße Erscheinung vorgestellt würde, so könnte ebensowohl der Widerspruch nicht vermieden werden, denn es würde ebendasselbe von einerlei Gegenstande in derselben Bedeutung zugleich bejahet und verneinet werden. Ist aber Naturnotwendigkeit bloß auf Erscheinungen bezogen, und Freiheit bloß auf Dinge an sich selbst, so entspringt kein Widerspruch, wenn man gleich beide Arten von Kausalität annimmt, oder zugibt, so schwer oder unmöglich es auch sein möchte, die von der letzteren Art begreiflich zu machen.

In der Erscheinung ist jede Wirkung eine Begebenheit oder etwas, das in der Zeit geschieht; vor ihr muß, nach dem allgemeinen Naturgesetze, eine Bestimmung der Kausalität ihrer Ursache (ein Zustand derselben) vorhergehen, worauf sie nach einem beständigen Gesetze folgt. Aber diese Bestimmung der Ursache zur Kausalität muß auch etwas sein, *was* sich eräugnet oder *geschieht*; die Ursache muß *angefangen* haben zu *handeln*, denn sonst ließe sich zwischen ihr und der Wirkung keine Zeitfolge denken. Die Wirkung wäre immer gewesen, sowie die Kausalität der Ursache. Also muß unter Erscheinungen die *Bestimmung* der Ursache zum *Wirken* auch entstanden, und mithin ebensowohl als ihre Wirkung eine Begebenheit sein, die wiederum ihre Ursache haben muß, u. s. w. und folglich Naturnotwendigkeit die Bedingung sein, nach welcher die wirkende Ursachen bestimmt werden. Soll dagegen Freiheit eine Eigenschaft gewisser Ursachen der Erscheinungen sein, so muß sie, respective auf die letzteren, als Begebenheiten, ein Vermögen sein, sie *von selbst* (sponte) anzufangen, d. i. ohne daß die Kausalität der Ursache selbst anfangen dürfte, und daher keines andern ihren Anfang bestimmenden Grundes benötiget wäre. Alsdenn aber müßte *die Ursache*, ihrer Kausalität nach, nicht unter Zeitbestimmungen ihres Zustandes stehen, d. i. gar *nicht Erscheinung* sein, d. i. sie müßte als ein Ding an sich selbst, die *Wirkungen* aber allein als *Erscheinungen* angenommen werden. Kann man einen solchen Einfluß der Verstandeswesen auf Erscheinungen ohne Widerspruch denken, so wird zwar aller Verknüpfung der Ursache und Wirkung in der Sinnenwelt Naturnotwendigkeit anhangen, dagegen doch derjenigen Ursache, die selbst keine Erscheinung ist (obzwar ihr zum Grunde liegt), Freiheit zugestanden, Natur also und Freiheit ebendemselben Dinge, aber in verschiedener Beziehung, einmal als Erscheinung, das andre Mal als einem Dinge an sich selbst ohne Widerspruch beigelegt werden können.

Wir haben in uns ein Vermögen, welches nicht bloß mit seinen subjektiv bestimmenden Gründen, welche die Natursachen seiner Handlungen sind, in Verknüpfung steht, und sofern das Vermögen eines Wesens ist, das selbst zu den Erscheinungen gehört, sondern auch auf objektive Gründe, die bloß Ideen sind, bezogen wird, sofern sie dieses Vermögen bestimmen können, welche Verknüpfung durch *Sollen* ausgedrückt wird. Dieses Vermögen heißt *Vernunft*, und sofern wir ein Wesen (den Menschen) lediglich nach dieser objektiv bestimmbaren Vernunft betrachten, kann es nicht als ein Sinnenwesen betrachtet werden, sondern die gedachte Eigenschaft ist die Eigenschaft eines Dinges an sich selbst, deren Möglichkeit, wie nämlich das *Sollen*, was doch noch nie geschehen ist, die Tätigkeit desselben bestimme, und Ursache von Handlungen sein könne, deren Wirkung Erscheinung in der Sinnenwelt ist, wir gar nicht begreifen können. Indessen würde doch die Kausalität der Vernunft in Ansehung der Wirkungen in der Sinnenwelt Freiheit sein, sofern *objektive Gründe*, die selbst Ideen sind, in Ansehung ihrer als bestimmend angesehen werden. Denn ihre Handlung hinge alsdann nicht an subjektiven, mithin auch keinen Zeitbedingungen und also auch nicht vom Naturgesetze ab, das diese zu bestimmen dient, weil Gründe der Vernunft allgemein, aus Prinzipien ohne Einfluß der Umstände der Zeit oder des Orts, Handlungen die Regel geben.

Was ich hier anführe, gilt nur als Beispiel zur Verständlichkeit und gehört nicht notwendig zu unserer Frage, welche, unabhängig von Eigenschaften, die wir in der wirklichen Welt antreffen, aus bloßen Begriffen entschieden werden muß.

Nun kann ich ohne Widerspruch sagen: alle Handlungen vernünftiger Wesen, sofern sie Erscheinungen sind, (in irgendeiner Erfahrung angetroffen werden) stehen unter der Naturnotwendigkeit; ebendieselbe Handlungen aber, bloß respective auf das vernünftige Subjekt und dessen Vermögen nach bloßer Vernunft zu handeln, sind frei. Denn was wird zur Naturnotwendigkeit erfodert? Nichts weiter als die Bestimmbarkeit jeder Begebenheit der Sinnenwelt nach beständigen Gesetzen, mithin eine Beziehung auf Ursache in der Erscheinung, wobei das Ding an sich selbst, was zum Grunde liegt, und dessen Kausalität unbekannt bleibt. Ich sage aber: *das Naturgesetz bleibt*, es mag nun das vernünftige Wesen aus Vernunft, mithin durch Freiheit, Ursache der Wirkungen der Sinnenwelt sein, oder es mag diese auch nicht aus Vernunftgründen bestimmen. Denn, ist das erste, so geschieht die Handlung nach Maximen, deren Wirkung in der Erscheinung jederzeit beständigen Gesetzen gemäß sein wird: ist das zweite, und die Handlung geschieht nicht nach Prinzipien der Vernunft, so ist sie den empirischen Gesetzen der Sinnlichkeit unterworfen, und in beiden Fällen hängen die Wirkungen nach beständigen Gesetzen zusammen; mehr verlangen wir aber nicht zur Naturnotwendigkeit, ja mehr kennen wir an ihr auch nicht. Aber im ersten Falle ist Vernunft die Ursache dieser Naturgesetze, und ist also frei, im zweiten Falle laufen die Wirkungen nach bloßen Naturgesetzen der Sinnlichkeit, darum, weil die Vernunft keinen Einfluß auf sie ausübt: sie, die Vernunft, wird aber darum nicht selbst durch die Sinnlichkeit bestimmt, (welches unmöglich ist) und ist daher auch in diesem Falle frei. Die Freiheit hindert also nicht das Naturgesetz der Erscheinungen, so wenig wie dieses der Freiheit des praktischen Vernunftgebrauchs, der mit Dingen an sich selbst, als bestimmenden Gründen, in Verbindung steht, Abbruch tut.

Hiedurch wird also die praktische Freiheit, nämlich diejenige, in welcher die Vernunft nach objektiv-bestimmenden Gründen Kausalität hat, gerettet, ohne daß der Naturnotwendigkeit in Ansehung ebenderselben Wirkungen als Erscheinungen, der mindeste Eintrag geschieht. Ebendieses kann auch zur Erläuterung desjenigen, was wir wegen der transszendentalen Freiheit und deren Vereinbarung mit Naturnotwendigkeit (in demselben Subjekte, aber nicht in einer und derselben Beziehung genommen) zu sagen hatten, dienlich sein. Denn was diese betrifft, so ist ein jeder Anfang der Handlung eines Wesens aus objektiven Ursachen, respective auf diese bestimmende Gründe, immer ein *erster Anfang*, obgleich dieselbe Handlung in der Reihe der Erscheinungen nur ein *subalterner Anfang* ist, vor welchem ein Zustand der Ursache vorhergehen muß, der sie bestimmt und selbst ebenso von einer nah vorhergehenden bestimmt wird: so daß man sich an vernünftigen Wesen, oder überhaupt an Wesen, sofern ihre Kausalität in ihnen als Dingen an sich selbst bestimmt wird, ohne in Widerspruch mit Naturgesetzen zu geraten, ein Vermögen denken kann, eine Reihe von Zuständen von selbst anzufangen. Denn das Verhältnis der Handlung zu objektiven Vernunftgründen ist kein Zeitverhältnis: hier geht das, was die Kausalität bestimmt, nicht der Zeit nach vor der Handlung vorher, weil solche bestimmende Gründe nicht Beziehung der Gegenstände auf Sinne, mithin nicht auf Ursachen in der Erscheinung, sondern bestimmende Ursachen, als Dinge an sich selbst, die nicht unter Zeitbedingungen stehen, vorstellen. So kann die Handlung in Ansehung der

Kausalität der Vernunft als ein erster Anfang, in Ansehung der Reihe der Erscheinungen, aber doch zugleich als ein bloß subordinierter Anfang angesehen, und ohne Widerspruch in jenem Betracht als frei, in diesem (da sie bloß Erscheinung ist) als der Naturnotwendigkeit unterworfen, angesehen werden.

Was die *vierte* Antinomie betrifft, so wird sie auf ähnliche Art gehoben, wie der Widerstreit der Vernunft mit sich selbst in der dritten. Denn, wenn die *Ursache in der Erscheinung*, nur von der *Ursache der Erscheinungen*, sofern sie als *Ding an sich selbst* gedacht werden kann, unterschieden wird, so können beide Sätze wohl nebeneinander bestehen, nämlich, daß von der Sinnenwelt überall keine Ursache (nach ähnlichen Gesetzen der Kausalität) stattfinde, deren Existenz schlechthin notwendig sei, imgleichen andererseits, daß diese Welt dennoch mit einem notwendigen Wesen als ihrer Ursache (aber von anderer Art und nach einem andern Gesetze) verbunden sei; welcher zween Sätze Unverträglichkeit lediglich auf dem Mißverstande beruht, das, was bloß von Erscheinungen gilt, über Dinge an sich selbst auszudehnen, und überhaupt beide in einem Begriffe zu vermengen.

## § 54

Dies ist nun die Aufstellung und Auflösung der ganzen Antinomie, darin sich die Vernunft bei der Anwendung ihrer Prinzipien auf die Sinnenwelt verwickelt findet, und wovon auch jene (die bloße Aufstellung) sogar allein schon ein beträchtliches Verdienst um die Kenntnis der menschlichen Vernunft sein würde, wenngleich die Auflösung dieses Widerstreits den Leser, der hier einen natürlichen Schein zu bekämpfen hat, welcher ihm nur neuerlich als ein solcher vorgestellet worden, nachdem er ihn bisher immer vor wahr gehalten, noch nicht völlig befriedigt haben sollte. Denn eine Folge hievon ist doch unausbleiblich, nämlich daß, weil es ganz unmöglich ist, aus diesem Widerstreit der Vernunft mit sich selbst herauszukommen, solange man die Gegenstände der Sinnenwelt vor Sachen an sich selbst nimmt, und nicht vor das, was sie in der Tat sind, nämlich bloße Erscheinungen, der Leser dadurch genötigt werde, die Deduktion aller unsrer Erkenntnis a priori und die Prüfung derjenigen, die ich davon gegeben habe, nochmals vorzunehmen, um darüber zur Entscheidung zu kommen. Mehr verlange ich jetzt nicht; denn wenn er sich bei dieser Beschäftigung nur allererst tief gnug in die Natur der reinen Vernunft hineingedacht hat, so werden die Begriffe, durch welche die Auflösung des

Widerstreits der Vernunft allein möglich ist, ihm schon geläufig sein, ohne welchen Umstand ich selbst von dem aufmerksamsten Leser völligen Beifall nicht erwarten kann.

## § 55
## III. Theologische Idee

Die dritte transszendentale Idee, die zu dem allerwichtigsten, aber, wenn er bloß spekulativ betrieben wird, überschwenglichen (transszendenten) und eben dadurch dialektischen Gebrauch der Vernunft Stoff gibt, ist das Ideal der reinen Vernunft. Da die Vernunft hier nicht, wie bei der psychologischen und kosmologischen Idee, von der Erfahrung anhebt, und durch Steigerung der Gründe, wo möglich, zur absoluten Vollständigkeit ihrer Reihe zu trachten verleitet wird, sondern gänzlich abbricht, und aus bloßen Begriffen von dem, was die absolute Vollständigkeit eines Dinges überhaupt ausmachen würde, mithin vermittelst der Idee eines höchst vollkommnen Urwesens zur Bestimmung der Möglichkeit, mithin auch der Wirklichkeit aller andern Dinge herabgeht, so ist hier die bloße Voraussetzung eines Wesens, welches, obzwar nicht in der Erfahrungsreihe, dennoch zum Behuf der Erfahrung, um der Begreiflichkeit der Verknüpfung, Ordnung und Einheit der letzteren willen gedacht wird, d. i. die *Idee* von dem Verstandesbegriffe leichter wie in den vorigen Fällen zu unterscheiden. Daher konnte hier der dialektische Schein, welcher daraus entspringt, daß wir die subjektive Bedingungen unseres Denkens vor objektive Bedingungen der Sachen selbst und eine notwendige Hypothese zur Befriedigung unserer Vernunft vor ein Dogma halten, leicht vor Augen gestellt werden, und ich habe daher nichts weiter über die Anmaßungen der transszendentalen Theologie zu erinnern, da das, was die Kritik hierüber sagt, faßlich, einleuchtend und entscheidend ist.

## § 56
## Allgemeine Anmerkung zu den transszendentalen Ideen

Die Gegenstände, welche uns durch Erfahrung gegeben werden, sind uns in vielerlei Absicht unbegreiflich, und es können viele Fragen, auf die uns das Naturgesetz führt, wenn sie bis zu einer gewissen Höhe, aber immer diesen Gesetzen gemäß getrieben werden, gar nicht aufgelöset werden, z. B. woher Materien einander anziehen. Allein, wenn wir die Natur ganz und gar verlassen oder im Fortgange ihrer Verknüpfung alle mögliche Erfahrung übersteigen, mithin uns in bloße Ideen vertiefen, alsdenn können wir nicht sagen, daß uns der Gegenstand unbegreiflich sei, und die Natur der Dinge uns unauflösliche Aufgaben vorlege; denn wir haben es alsdenn gar nicht mit der Natur oder überhaupt mit gegebenen Objekten, sondern bloß mit Begriffen zu tun, die in unserer Vernunft lediglich ihren Ursprung haben, und mit bloßen Gedanken-Wesen, in Ansehung deren alle Aufgaben, die aus dem Begriffe derselben entspringen, müssen aufgelöset werden können, weil die Vernunft von ihrem eigenen Verfahren allerdings vollständige Rechenschaft geben kann und muß. Da die physiologische, kosmologische und theologische Ideen lauter reine Vernunftbegriffe sind, die in keiner Erfahrung gegeben werden können, so sind uns die Fragen, die uns die Vernunft in Ansehung ihrer vorlegt, nicht durch die Gegenstände, sondern durch bloße Maximen der Vernunft um ihrer Selbstbefriedigung willen aufgegeben, und müssen insgesamt hinreichend beantwortet werden können, welches auch dadurch geschieht, daß man zeigt, daß sie Grundsätze sind, unsern Verstandesgebrauch zur durchgängigen Einhelligkeit, Vollständigkeit und synthetischen Einheit zu bringen, und sofern bloß von der Erfahrung, aber im *Ganzen* derselben gelten. Obgleich aber ein absolutes Ganze der Erfahrung unmöglich ist, so ist doch die Idee eines Ganzen der Erkenntnis nach Prinzipien überhaupt dasjenige, was ihr allein eine besondere Art der Einheit, nämlich die von einem System, verschaffen kann, ohne die unser Erkenntnis nichts als Stückwerk ist; und zum höchsten Zwecke (der immer nur das System aller Zwecke ist,) nicht gebraucht werden kann; ich verstehe aber hier nicht bloß den praktischen, sondern auch den höchsten Zweck des spekulativen Gebrauchs der Vernunft.

Die transszendentale Ideen drücken also die eigentümliche Bestimmung der Vernunft aus, nämlich als eines Prinzips der systematischen Einheit des Verstandesgebrauchs. Wenn man aber diese Einheit der Erkenntnisart davor ansieht, als ob sie dem Objekte der Erkenntnis anhänge, wenn man sie, die eigentlich bloß *regulativ* ist, vor *konstitutiv* hält, und sich überredet, man könne vermittelst dieser Ideen seine Kenntnis weit über alle mögliche Erfahrung, mithin auf transszendente Art erweitern, da sie doch bloß dazu dient, Erfahrung in ihr selbst der Vollständigkeit so nahe wie möglich zu bringen, d. i. ihren Fortgang durch nichts einzuschränken, was zur Erfahrung nicht gehören kann, so ist dieses ein bloßer Mißverstand in Beurteilung der eigentlichen Bestimmung unserer Vernunft und ihrer Grundsätze, und eine Dialektik, die teils den Erfahrungsgebrauch der Vernunft verwirrt, teils die Vernunft mit sich selbst entzweiet.

## *Beschluß von der Grenzbestimmung der reinen Vernunft*

### *§ 57*

Nach den allerkläresten Beweisen, die wir oben gegeben haben, würde es Ungereimtheit sein, wenn wir von irgendeinem Gegenstande mehr zu erkennen hoffeten, als zur möglichen Erfahrung desselben gehört, oder auch von irgendeinem Dinge, wovon wir annehmen, es sei nicht ein Gegenstand möglicher Erfahrung, nur auf das mindeste Erkenntnis Anspruch machten, es nach seiner Beschaffenheit, wie es an sich selbst ist, zu bestimmen; denn wodurch wollen wir diese Bestimmung verrichten, da Zeit, Raum, und alle Verstandesbegriffe, vielmehr aber noch die durch empirische Anschauung oder *Wahrnehmung* in der Sinnenwelt gezogene Begriffe keinen andern Gebrauch haben, noch haben können, als bloß Erfahrung möglich zu machen, und lassen wir selbst von den reinen Verstandesbegriffen diese Bedingung weg, sie alsdenn ganz und gar kein Objekt bestimmen und überall keine Bedeutung haben.

Es würde aber andererseits eine noch größere Ungereimtheit sein, wenn wir gar keine Dinge an sich selbst einräumen, oder unsere Erfahrung vor die einzig mögliche Erkenntnisart der Dinge, mithin unsre Anschauung in Raum und Zeit vor die allein mögliche Anschauung, unsern diskursiven Verstand aber vor das Urbild von jedem möglichen Verstande ausgeben wollten, mithin Prinzipien der Möglichkeit der Erfahrung vor allgemeine, Bedingungen der Dinge an sich selbst wollten gehalten wissen.

Unsere Prinzipien, welche den Gebrauch der Vernunft bloß auf mögliche Erfahrung einschränken, könnten demnach selbst *transszendent* werden, und die Schranken unserer Vernunft vor Schranken der Möglichkeit der Dinge selbst ausgeben, wie davon HUMES Dialogen zum Beispiel dienen können, wenn nicht eine sorgfältige Kritik die Grenzen unserer Vernunft auch in Ansehung ihres empirischen Gebrauchs bewachte, und ihren Anmaßungen ihr Ziel setzte. Der Skeptizism ist uranfänglich aus der Metaphysik und ihrer polizeilosen Dialektik entsprungen. Anfangs mochte er wohl bloß zugunsten des Erfahrungsgebrauchs der Vernunft alles, was diesen übersteigt, vor nichtig und betrüglich ausgeben, nach und nach aber, da man inne ward, daß es doch ebendieselbe Grundsätze a priori sind, deren man sich bei der Erfahrung bedient, die unvermerkt, und, wie es schien, mit ebendemselben Rechte noch weiter führeten, als Erfahrung reicht, so fing man an, selbst in Erfahrungsgrundsätze einen Zweifel zu setzen. Hiemit hat es nun wohl keine Not; denn der gesunde Verstand wird hierin wohl jederzeit seine Rechte behaupten, allein es entsprang doch eine besondere Verwirrung in der Wissenschaft, die nicht bestimmen kann, wie weit und warum nur bis dahin und nicht weiter der Vernunft zu trauen sei, dieser Verwirrung aber kann nur durch förmliche und aus Grundsätzen gezogene Grenzbestimmung unseres Vernunftgebrauchs abgeholfen und allem Rückfall auf künftige Zeit vorgebeugt werden.

Es ist wahr: wir können über alle mögliche Erfahrung hinaus von dem, was Dinge an sich selbst sein mögen, keinen bestimmten Begriff geben. Wir sind aber dennoch nicht frei vor der Nachfrage nach diesen, uns gänzlich derselben zu enthalten; denn Erfahrung tut der Vernunft niemals völlig Gnüge; sie weiset uns in Beantwortung der Fragen immer weiter zurück, und läßt uns in Ansehung des völligen Aufschlusses derselben unbefriedigt, wie jedermann dieses aus der Dialektik der reinen Vernunft, die ebendarum ihren guten subjektiven Grund hat, hinreichend ersehen kann. Wer kann es wohl ertragen, daß wir von der Natur unserer Seele bis zum klaren Bewußtsein des Subjekts und zugleich der Überzeugung gelangen, daß seine Erscheinungen nicht *materialistisch* können erklärt werden, ohne zu fragen, was denn die Seele eigentlich sei, und, wenn kein Erfahrungsbegriff hiezu zureicht, allenfalls einen Vernunftbegriff (eines einfachen immateriellen Wesens) bloß zu diesem Behuf anzunehmen, ob wir gleich seine objektive Realität garnicht dartun können? Wer kann sich bei der bloßen Erfahrungserkenntnis in allen kosmologischen Fragen, von der Weltdauer und Größe, der Freiheit oder Naturnotwendigkeit, befriedigen, da, wir mögen es anfangen, wie wir wollen, eine jede nach Erfahrungsgrundsätzen gegebene Antwort immer eine neue Frage gebiert, die ebensowohl beantwortet sein will, und dadurch die Unzulänglichkeit aller physischen Erklärungsarten zur Befriedigung der Vernunft deutlich dartut? Endlich, wer sieht nicht bei der durchgängigen Zufälligkeit und Abhängigkeit alles dessen, was er nur nach Erfahrungsprinzipien denken und annehmen mag, die Unmöglichkeit, bei diesen stehen zu bleiben, und fühlt sich nicht notgedrungen, unerachtet alles Verbots, sich nicht in transszendente Ideen zu verlieren, dennoch über alle Begriffe, die er durch Erfahrung rechtfertigen kann, noch in dem Begriffe eines Wesens Ruhe und Befriedigung zu suchen, davon die Idee zwar an sich selbst der Möglichkeit nach nicht eingesehen, obgleich auch nicht widerlegt werden kann, weil sie ein bloßes Verstandeswesen betrifft, ohne die aber die Vernunft auf immer unbefriedigt bleiben müßte.

Grenzen (bei ausgedehnten Wesen) setzen immer einen Raum voraus, der außerhalb einem gewissen bestimmten Platze angetroffen wird, und ihn einschließt; Schranken bedürfen dergleichen nicht, sondern sind bloße Verneinungen, die eine Größe affizieren, sofern sie nicht absolute Vollständigkeit hat. Unsre Vernunft aber sieht gleichsam um sich einen Raum vor die Erkenntnis der Dinge an sich selbst, ob sie gleich von ihnen niemals bestimmte Begriffe haben kann, und nur auf Erscheinungen eingeschränkt ist.

So lange die Erkenntnis der Vernunft gleichartig ist, lassen sich von ihr keine bestimmte Grenzen denken. In der Mathematik und Naturwissenschaft erkennt die menschliche Vernunft zwar Schranken, aber keine Grenzen, d. i. zwar, daß etwas außer ihr liege, wohin sie niemals gelangen kann, aber nicht, daß sie selbst in ihrem innern Fortgange irgendwo vollendet sein werde. Die Erweiterung der Einsichten in der Mathematik und die Möglichkeit immer neuer Erfindungen geht ins Unendliche; ebenso die Entdeckung neuer Natureigenschaften, neuer Kräfte und Gesetze durch fortgesetzte Erfahrung und Vereinigung derselben durch die Vernunft. Aber Schranken sind hier gleichwohl nicht zu verkennen, denn Mathematik geht nur auf *Erscheinungen*, und was nicht ein Gegenstand der sinnlichen Anschauung sein kann, als die Begriffe der Metaphysik und Moral, das liegt ganz außerhalb ihrer Sphäre, und dahin kann sie niemals führen; sie bedarf aber derselben auch gar nicht. Es ist also kein kontinuierlicher Fortgang und Annäherung zu diesen Wissenschaften, und gleichsam ein Punkt oder Linie der Berührung. Naturwissenschaft wird uns niemals das Innere der Dinge, d. i. dasjenige, was nicht Erscheinung ist, aber doch zum obersten Erklärungsgrunde der Erscheinungen dienen kann, entdecken; aber sie braucht dieses auch nicht zu ihren physischen Erklärungen; ja, wenn ihr auch dergleichen anderweitig angeboten würde, (z. B. Einfluß immaterieller Wesen) so soll sie es doch ausschlagen und gar nicht in den Fortgang ihrer Erklärungen bringen, sondern diese jederzeit nur auf das gründen, was als Gegenstand der Sinne zu Erfahrung gehören und mit unsern wirklichen Wahrnehmungen nach Erfahrungsgesetzen in Zusammenhang gebracht werden kann.

Allein Metaphysik führet uns in den dialektischen Versuchen der reinen Vernunft (die nicht willkürlich, oder mutwilliger Weise angefangen werden, sondern dazu die Natur der Vernunft selbst treibt) auf Grenzen, und die transszendentale Ideen, ebendadurch, daß man ihrer nicht Umgang haben kann, daß sie sich gleichwohl niemals wollen realisieren lassen, dienen dazu, nicht allein uns wirklich die Grenzen des reinen Vernunftgebrauchs zu zeigen, sondern auch die Art, solche zu bestimmen, und das ist auch der Zweck und Nutzen dieser Naturanlage unserer Vernunft, welche Metaphysik, als ihr Lieblingskind, ausgeboren hat, dessen Erzeugung, sowie jede andere in der Welt, nicht dem ungefähren Zufalle, sondern einem ursprünglichen Keime zuzuschreiben ist, welcher zu großen Zwecken weislich organisiert ist. Denn Metaphysik ist vielleicht mehr, wie irgendeine andere Wissenschaft, durch die Natur selbst ihren Grundzügen nach in uns gelegt, und kann gar nicht als das Produkt einer beliebigen Wahl oder als zufällige Erweiterung beim Fortgange der Erfahrungen (von denen sie sich gänzlich abtrennt,) angesehen werden.

Die Vernunft, durch alle ihre Begriffe und Gesetze des Verstandes, die ihr zum empirischen Gebrauche, mithin innerhalb der Sinnenwelt, hinreichend sind, findet doch von sich dabei keine Befriedigung; denn durch ins Unendliche immer wiederkommende Fragen wird ihr alle Hoffnung zur vollendeten Auflösung derselben benommen. Die transszendentale Ideen, welche diese Vollendung zur Absicht haben, sind solche Probleme der Vernunft. Nun sieht sie klärlich: daß die Sinnenwelt diese Vollendung nicht enthalten könne, mithin ebensowenig auch alle jene Begriffe, die lediglich zum Verständnisse derselben dienen: Raum und Zeit, und alles, was wir unter dem Namen der reinen Verstandesbegriffe angeführt haben. Die Sinnenwelt ist nichts als eine Kette nach allgemeinen Gesetzen verknüpfter Erscheinungen, sie hat also kein Bestehen vor sich, sie ist eigentlich nicht das Ding an sich selbst, und bezieht sich also notwendig auf das, was den Grund dieser Erscheinung enthält, auf Wesen, die nicht bloß als Erscheinung, sondern als Dinge an sich selbst erkannt werden können. In der Erkenntnis derselben kann Vernunft allein hoffen, ihr Verlangen nach Vollständigkeit im Fortgange vom Bedingten zu dessen Bedingungen einmal befriedigt zu sehen.

Oben (§ 33, 34) haben wir Schranken der Vernunft in Ansehung aller Erkenntnis bloßer Gedankenwesen angezeigt, jetzt, da uns die transszendentale Ideen dennoch den Fortgang bis zu ihnen notwendig machen, und uns also gleichsam bis zur Berührung des vollen Raumes (der Erfahrung) mit dem leeren, (wovon wir nichts wissen können, den Noumenis) geführt haben, können wir auch die Grenzen der reinen Vernunft bestimmen; denn in allen Grenzen ist auch etwas Positives, (z. B. Fläche ist die Grenze des körperlichen Raumes, indessen doch selbst ein Raum, Linie ein Raum, der die Grenze der Fläche ist,

Punkt die Grenze der Linie, aber doch noch immer ein Ort im Raume,) dahingegen Schranken bloße Negationen enthalten. Die im angeführten §ph angezeigte Schranken sind noch nicht genug, nachdem wir gefunden haben, daß noch über dieselbe etwas (ob wir es gleich, was es an sich selbst sei, niemals erkennen werden,) hinausliege. Denn nun frägt sich, wie verhält sich unsere Vernunft bei dieser Verknüpfung dessen, was wir kennen, mit dem, was wir nicht kennen, und auch niemals kennen werden? Hier ist eine wirkliche Verknüpfung des Bekannten mit einem völlig Unbekannten, (was es auch jederzeit bleiben wird) und, wenn dabei das Unbekannte auch nicht im mindesten bekannter werden sollte – wie denn das in der Tat auch nicht zu hoffen ist – so muß doch der Begriff von dieser Verknüpfung bestimmt, und zur Deutlichkeit gebracht werden können.

Wir sollen uns denn also ein immaterielles Wesen, eine Verstandeswelt, und ein höchstes aller Wesen (lauter Noumena) denken, weil die Vernunft nur in diesen, als Dingen an sich selbst, Vollendung und Befriedigung antrifft, die sie in der Ableitung der Erscheinungen aus ihren gleichartigen Gründen niemals hoffen kann, und weil diese sich wirklich auf etwas von ihnen Unterschiedenes (mithin gänzlich Ungleichartiges) beziehen, indem Erscheinungen doch jederzeit eine Sache an sich selbst voraussetzen, und also darauf Anzeige tun, man mag sie nun näher erkennen oder nicht.

Da wir nun aber diese Verstandeswesen, nach dem, was sie an sich selbst sein mögen, d. i. bestimmt, niemals erkennen können, gleichwohl aber solche im Verhältnis auf die Sinnenwelt dennoch annehmen, und durch die Vernunft damit verknüpfen müssen, so werden wir doch wenigstens diese Verknüpfung vermittelst solcher Begriffe denken können, die ihr Verhältnis zur Sinnenwelt ausdrücken. Denn, denken wir das Verstandeswesen durch nichts als reine Verstandesbegriffe, so denken wir uns dadurch wirklich nichts Bestimmtes, mithin ist unser Begriff ohne Bedeutung: denken wir es uns durch Eigenschaften, die von der Sinnenwelt entlehnt sind, so ist es nicht mehr Verstandeswesen, es wird als eines von den Phänomenen gedacht und gehört zur Sinnenwelt. Wir wollen ein Beispiel vom Begriffe des höchsten Wesens hernehmen.

Der *deistische* Begriff ist ein ganz reiner Vernunftbegriff, welcher aber nur ein Ding, das alle Realität enthält, vorstellt, ohne deren eine einzige bestimmen zu können, weil dazu das Beispiel aus der Sinnenwelt entlehnt werden müßte, in welchem Falle ich es immer nur mit einem Gegenstande der Sinne, nicht aber mit etwas ganz Ungleichartigem, was gar nicht ein Gegenstand der Sinne sein kann, zu tun haben würde. Denn ich würde ihm z. B. Verstand beilegen; ich habe aber gar keinen Begriff von einem Verstande, als dem, der so ist, wie der meinige, nämlich ein solcher, dem durch Sinne Anschauungen müssen gegeben werden, und der sich damit beschäftigt, sie untern Regeln der Einheit des Bewußtseins zu bringen. Aber alsdenn würden die Elemente meines Begriffs immer in der Erscheinung liegen; ich wurde aber eben durch die Unzulänglichkeit der Erscheinungen genötigt, über dieselbe hinaus, zum Begriffe eines Wesens zu gehen, was gar nicht von Erscheinungen abhängig, oder damit, als Bedingungen seiner Bestimmung, verflochten ist. Sondere ich aber den Verstand von der Sinnlichkeit ab, um einen reinen Verstand zu haben, so bleibt nichts als die bloße Form des Denkens ohne Anschauung übrig, wodurch allein ich nichts Bestimmtes, also keinen Gegenstand erkennen kann. Ich müßte mir zu dem Ende einen andern Verstand denken, der die Gegenstände anschauete, wovon ich aber nicht den mindesten Begriff habe, weil der menschliche diskursiv ist, und nur durch allgemeine Begriffe erkennen kann. Ebendas widerfährt mir auch, wenn ich dem höchsten Wesen einen Willen beilege: denn ich habe diesen Begriff nur, indem ich ihn aus meiner innern Erfahrung ziehe, dabei aber Abhängigkeit der Zufriedenheit von Gegenständen, deren Existenz wir bedürfen, und also Sinnlichkeit zum Grunde liegt, welches dem reinen Begriffe des höchsten Wesens gänzlich widerspricht.

Die Einwürfe des HUME wider den Deismus sind schwach, und treffen niemals etwas mehr als die Beweistümer, niemals aber den Satz der deistischen Behauptung selbst. Aber in Ansehung des Theismus, der durch eine nähere Bestimmung unseres dort bloß transszendenten Begriffs vom höchsten Wesen zustande kommen soll, sind sie sehr stark, und, nachdem man diesen Begriff einrichtet, in gewissen (in der Tat, allen gewöhnlichen) Fällen unwiderleglich. HUME hält sich immer daran: daß durch den bloßen Begriff eines Urwesens, dem wir keine andere als ontologische Prädikate (Ewigkeit, Allgegenwart, Allmacht) beilegen, wir wirklich gar nichts Bestimmtes denken, sondern es müßten Eigenschaften hinzukommen, die einen Begriff in concreto abgeben können: es sei nicht genug, zu sagen: er sei Ursache, sondern wie seine Kausalität beschaffen sei, etwa durch Verstand und Willen; und da fangen seine Angriffe der Sache selbst nämlich des Theismus an, da er vorher nur die Beweisgründe des Deismus gestürmt hatte, welches keine sonderliche Gefahr nach sich ziehet. Seine gefährlichen Argumente beziehen sich insgesamt auf den Anthropomorphismus, von dem er davor hält, er sei von dem Theism unabtrennlich, und mache ihn in sich selbst widersprechend, ließe man ihn aber weg, so fiele dieser hiemit auch, und es bliebe nichts als ein Deism übrig, aus dem man nichts machen, der uns zu nichts nützen und zu gar keinen Fundamenten der Religion und Sitten dienen kann. Wenn diese Unvermeidlichkeit des Anthropomorphismus gewiß wäre, so möchten die Beweise vom Dasein eines höchsten Wesens sein, welche sie wollen, und alle eingeräumt werden, der Begriff von diesem Wesen würde doch niemals von uns bestimmt werden können, ohne uns in Widersprüche zu verwickeln.

Wenn wir mit dem Verbot, alle transszendente Urteile der reinen Vernunft zu vermeiden, das damit dem Anschein nach streitende Gebot, bis zu Begriffen, die außerhalb dem Felde des immanenten (empirischen) Gebrauchs liegen, hinauszugehen, verknüpfen, so werden wir inne, daß beide zusammenbestehen können, aber nur gerade auf der *Grenze* alles erlaubten Vernunftgebrauchs; denn diese gehöret ebensowohl zum Felde der Erfahrung, als dem der Gedankenwesen, und wir werden dadurch zugleich belehrt, wie jene so merkwürdige Ideen lediglich zur Grenzbestimmung der menschlichen Vernunft dienen, nämlich, einerseits Erfahrungserkenntnis nicht unbegrenzt auszudehnen, so daß gar nichts mehr als bloß Welt von uns zu erkennen übrig bliebe, und andererseits dennoch nicht über die Grenze der Erfahrung hinaus zugehen, und von Dingen außerhalb derselben, als Dingen an sich selbst, urteilen zu wollen.

Wir halten uns aber auf dieser Grenze, wenn wir unser Urteil bloß auf das Verhältnis einschränken, welches die Welt zu einem Wesen haben mag, dessen Begriff selbst außer aller Erkenntnis liegt, deren wir innerhalb der Welt fähig sind. Denn alsdenn eignen wir dem höchsten Wesen keine von den Eigenschaften *an sich selbst* zu, durch die wir uns Gegenstände der Erfahrung denken, und vermeiden dadurch den *dogmatischen* Anthropomorphismus, wir legen sie aber dennoch dem Verhältnisse desselben zur Welt bei, und erlauben uns einen *symbolischen* Anthropomorphism, der in der Tat nur die Sprache und nicht das Objekt selbst angeht.

Wenn ich sage, wir sind genötigt, die Welt so anzusehen, *als ob* sie das Werk eines höchsten Verstandes und Willens sei, so sage ich wirklich nichts mehr, als: wie sich verhält eine Uhr, ein Schiff, ein Regiment, zum Künstler, Baumeister, Befehlshaber, so die Sinnenwelt (oder alles das, was die Grundlage dieses Inbegriffs von Erscheinungen ausmacht) zu dem Unbekannten, das ich also hiedurch zwar nicht nach dem, was es an sich selbst ist, aber doch nach dem, was es vor mich ist, nämlich in Ansehung der Welt, davon ich ein Teil bin, erkenne.

## § 58

Eine solche Erkenntnis ist die *nach der Analogie*, welche nicht etwa, wie man das Wort gemeiniglich nimmt, eine unvollkommene Ähnlichkeit zweener Dinge, sondern eine vollkommne Ähnlichkeit zweener Verhältnisse zwischen ganz unähnlichen Dingen bedeutet. Vermittelst dieser Analogie bleibt doch ein *vor uns* hinlänglich bestimmter Begriff von dem höchsten Wesen übrig, ob wir gleich alles weggelassen haben, was ihn schlechthin und *an sich selbst bestimmen* könnte; denn wir bestimmen ihn doch respectiv auf die Welt und mithin auf uns, und mehr ist uns auch nicht nötig. Die Angriffe, welche HUME auf diejenigen tut, welche diesen Begriff absolut bestimmen wollen, indem sie die Materialien dazu von sich selbst und der Welt entlehnen, treffen uns nicht; auch kann er uns nicht vorwerfen, es bleibe uns gar nichts übrig, wenn man uns den objektiven Anthropomorphism von dem Begriffe des höchsten Wesens wegnähme.

Denn wenn man uns nur anfangs (wie es auch HUME in der Person des PHILO gegen den CLEANTH in seinen Dialogen tut), als eine notwendige Hypothese den *deistischen* Begriff des Urwesens einräumt, in welchem man sich das Urwesen durch lauter ontologische Prädikate, der Substanz, Ursache etc. denkt, ( *welches man tun muß*, weil die Vernunft in der Sinnenwelt durch lauter Bedingungen, die immer wiederum bedingt sind, getrieben, ohne das gar keine Befriedigung haben kann und *welches man auch füglich tun kann*, ohne in den Anthropomorphism zu geraten, der Prädikate aus der Sinnenwelt auf ein von der Welt ganz unterschiedenes Wesen überträgt, indem jene Prädikate bloße Kategorien sind, die zwar keinen bestimmten, aber auch ebendadurch keinen auf Bedingungen der Sinnlichkeit eingeschränkten Begriff desselben geben): so kann uns nichts hindern, von diesem Wesen eine *Kausalität durch Vernunft* in Ansehung der Welt zu prädizieren, und so zum Theismus überzuschreiten, ohne eben genötigt zu sein, ihm diese Vernunft an ihm selbst, als eine ihm anklebende Eigenschaft, beizulegen. Denn, was das *Erste* betrifft, so ist es der einzige mögliche Weg, den Gebrauch der Vernunft, in Ansehung aller möglichen Erfahrung, in der Sinnenwelt durchgängig mit sich einstimmig auf den höchsten Grad zu treiben, wenn man selbst wiederum eine höchste Vernunft als eine Ursache aller Verknüpfungen in der Welt annimmt: ein solches Prinzip muß ihr durchgängig vorteilhaft sein, kann ihr aber nirgend in ihrem Naturgebrauche schaden. *Zweitens* aber wird dadurch doch die Vernunft nicht als Eigenschaft auf das Urwesen an sich selbst übertragen, sondern nur *auf das Verhältnis* desselben zur Sinnenwelt und also der Anthropomorphism gänzlich vermieden. Denn hier wird nur die *Ursache* der Vernunftform betrachtet, die in der Welt allenthalben angetroffen wird, und dem höchsten Wesen, sofern es den Grund dieser Vernunftform der Welt enthält, zwar Vernunft beigelegt, aber nur nach der Analogie, d. i. sofern dieser Ausdruck nur das Verhältnis anzeigt, was die uns unbekannte oberste Ursache zur Welt hat, um darin alles im höchsten Grade vernunftmäßig zu bestimmen. Dadurch wird nun verhütet, daß wir uns der Eigenschaft der Vernunft nicht bedienen, um Gott, sondern um die Welt vermittelst derselben so zu denken, als es notwendig ist, um den größtmöglichen Vernunftgebrauch in Ansehung dieser nach einem Prinzip zu haben. Wir gestehen dadurch: daß uns das höchste Wesen nach demjenigen, was es an sich selbst sei, gänzlich unerforschlich und *auf bestimmte Weise* sogar undenkbar sei, und werden dadurch abgehalten, nach unseren Begriffen, die wir von der Vernunft als einer wirkenden Ursache (vermittelst des Willens) haben, keinen transszendenten Gebrauch zu machen, um die göttliche Natur durch Eigenschaften, die doch immer nur von der menschlichen Natur entlehnt sind, zu bestimmen und uns in grobe oder schwärmerische Begriffe zu verlieren, andererseits aber auch nicht die Weltbetrachtung, nach unseren auf Gott übertragenden Begriffen von der menschlichen Vernunft, mit hyperphysischen Erklärungsarten zu überschwemmen und von ihrer eigentlichen Bestimmung abzubringen, nach der sie ein Studium der bloßen Natur durch die Vernunft und nicht eine vermessene Ableitung ihrer Erscheinungen von einer höchsten Vernunft sein soll. Der unseren schwachen Begriffen angemessene Ausdruck wird sein: daß wir uns die Welt so denken, **als ob** sie von einer höchsten Vernunft ihrem Dasein und inneren Bestimmung nach abstamme, wodurch wir teils die Beschaffenheit, die ihr, der Welt selbst zukommt, erkennen, ohne uns doch anzumaßen, die ihrer Ursache an sich selbst bestimmen zu wollen, teils andererseits *in das Verhältnis* der obersten Ursache zur Welt den Grund dieser Beschaffenheit (der Vernunftform in der Welt) legen, ohne die Welt dazu vor sich selbst zureichend zu finden.

Auf solche Weise verschwinden die Schwierigkeiten, die dem Theismus zu widerstehen scheinen, dadurch, daß man mit dem Grundsatze des **Hume**, den Gebrauch der Vernunft nicht über das Feld aller möglichen Erfahrung dogmatisch hinaus zu treiben, einen anderen Grundsatz verbindet, den HUME gänzlich übersah, nämlich: das Feld möglicher Erfahrung nicht vor dasjenige, was in den Augen unserer Vernunft sich selbst begrenzte, anzusehen. Kritik der Vernunft bezeichnet hier den wahren Mittelweg zwischen dem Dogmatism, den HUME bekämpfte, und dem Skeptizism, den er dagegen einführen wollte: einen Mittelweg, der nicht, wie andere Mittelwege, die man gleichsam mechanisch (etwas von einem, und etwas von dem andern) sich selbst zu bestimmen anrät, und wodurch kein Mensch eines Besseren belehrt wird, sondern einen solchen, den man nach Prinzipien genau bestimmen kann.

## § 59

Ich habe mich zu Anfange dieser Anmerkung des Sinnbildes einer *Grenze* bedient, um die Schranken der Vernunft in Ansehung ihres ihr angemessenen Gebrauchs festzusetzen. Die Sinnenwelt enthält bloß Erscheinungen, die noch nicht Dinge an sich selbst sind, welche letztere (Noumena) also der Verstand, ebendarum, weil er die Gegenstände der Erfahrung vor bloße Erscheinungen erkennt, annehmen muß. In unserer Vernunft sind beide zusammen befaßt, und es frägt sich: wie verfährt Vernunft, den Verstand in Ansehung beider Feldern zu begrenzen? Erfahrung, welche alles, was zur Sinnenwelt gehört, enthält, begrenzt sich nicht selbst: sie gelangt von jedem Bedingten immer nur auf ein anderes Bedingte. Das, was sie begrenzen soll, muß gänzlich außer ihr liegen, und dieses ist das Feld der reinen Verstandeswesen. Dieses aber ist für uns ein leerer Raum, sofern es auf die *Bestimmung* der Natur dieser Verstandeswesen ankommt, und sofern können wir, wenn es auf dogmatisch-bestimmte Begriffe angesehen ist, nicht über das Feld möglicher Erfahrung hinauskommen. Da aber eine Grenze selbst etwas Positives ist, welches sowohl zu dem gehört, was innerhalb derselben, als zum Raume, der außer einem gegebenen Inbegriff liegt, so ist es doch eine wirkliche positive Erkenntnis, deren die Vernunft bloß dadurch teilhaftig wird, daß sie sich bis zu dieser Grenze erweitert, so doch, daß sie nicht über diese Grenze hinaus zugehen versucht, weil sie daselbst einen leeren Raum vor sich findet, in welchem sie zwar Formen zu Dingen, aber keine Dinge selbst denken kann. Aber die *Begrenzung* des Erfahrungsfeldes durch etwas, was ihr sonst unbekannt ist, ist doch eine Erkenntnis, die der Vernunft in diesem Standpunkte noch übrig bleibt, dadurch sie nicht innerhalb der Sinnenwelt beschlossen, auch nicht außer derselben schwärmend, sondern so, wie es einer Kenntnis der

Grenze zukommt, sich bloß auf das Verhältnis desjenigen, was außerhalb derselben liegt, zu dem, was innerhalb enthalten ist, einschränkt.

Die natürliche Theologie ist ein solcher Begriff auf der Grenze der menschlichen Vernunft, da sie sich genötigt sieht, zu der Idee eines höchsten Wesens (und, in praktischer Beziehung, auch auf die einer intelligibelen Welt) hinauszusehen, nicht, um in Ansehung dieses bloßen Verstandeswesens, mithin außerhalb der Sinnenwelt, etwas zu bestimmen, sondern nur um ihren eigenen Gebrauch innerhalb derselben nach Prinzipien der größtmöglichen (theoretischen sowohl als praktischen) Einheit zu leiten, und zu diesem Behuf sich der Beziehung derselben auf eine selbständige Vernunft, als der Ursache aller dieser Verknüpfungen, zu bedienen, hiedurch aber nicht etwa sich bloß ein Wesen zu *erdichten*, sondern, da außer der Sinnenwelt notwendig etwas, was nur der reine Verstand denkt, anzutreffen sein muß, dieses nur auf solche Weise, obwohl freilich bloß nach der Analogie, zu *bestimmen*.

Auf solche Weise bleibt unser obiger Satz, der das Resultat der ganzen Kritik ist: "daß uns Vernunft durch alle ihre Prinzipien a priori niemals etwas mehr, als lediglich Gegenstände möglicher Erfahrung und auch von diesen nichts mehr, als was in der Erfahrung erkannt werden kann, lehre", aber diese Einschränkung hindert nicht, daß sie uns nicht bis zur objektiven *Grenze* der Erfahrung, nämlich der *Beziehung* auf etwas, was selbst nicht Gegenstand der Erfahrung, aber doch der oberste Grund aller derselben sein muß, führe, ohne uns doch von demselben etwas an sich, sondern nur in Beziehung auf ihren eigenen vollständigen und auf die höchsten Zwecke gerichteten Gebrauch im Felde möglicher Erfahrung, zu lehren. Dieses ist aber auch aller Nutzen, den man vernünftiger Weise hiebei auch nur wünschen kann, und mit welchem man Ursache hat zufrieden zu sein.

## *§ 60*

So haben wir Metaphysik, wie sie wirklich *in der Naturanlage* der menschlichen Vernunft gegeben ist, und zwar in demjenigen, was den wesentlichen Zweck ihrer Bearbeitung ausmacht, nach ihrer subjektiven Möglichkeit ausführlich dargestellt. Da wir indessen doch fanden, daß dieser *bloß natürliche* Gebrauch einer solchen Anlage unserer Vernunft, wenn keine Disziplin derselben, welche nur durch wissenschaftliche Kritik möglich ist, sie zügelt und in Schranken setzt, sie in übersteigende, teils bloß scheinbare, teils unter sich sogar strittige *dialektische* Schlüsse verwickelt, und überdem diese vernünftelnde Metaphysik zur Beförderung der Naturerkenntnis entbehrlich, ja wohl gar ihr nachteilig ist, so bleibt es noch immer eine der Nachforschung würdige Aufgabe, die *Naturzwecke*, worauf diese Anlage zu transszendenten Begriffen in unserer Vernunft abgezielt sein mag, auszufinden, weil alles, was in der Natur liegt, doch auf irgendeine nützliche Absicht ursprünglich angelegt sein muß.

Eine solche Untersuchung ist in der Tat mißlich: auch gestehe ich, daß es nur Mutmaßung sei, wie alles, was die ersten Zwecke der Natur betrifft, was ich hievon zu sagen weiß, welches mir auch in diesem Fall allein erlaubt sein mag, da die Frage nicht die objektive Gültigkeit metaphysischer Urteile, sondern die Naturanlage zu denselben angeht, und also außer dem System der Metaphysik in der Anthropologie liegt.

Wenn ich alle transszendentale Ideen, deren Inbegriff die eigentliche Aufgabe der natürlichen reinen Vernunft ausmacht, welche sie nötigt, die bloße Naturbetrachtung zu verlassen, und über alle mögliche Erfahrung hinauszugehen und in dieser Bestrebung das Ding (es sei Wissen oder Vernünfteln) was Metaphysik heißt, zustande zu bringen, betrachte, so glaube ich gewahr zu werden, daß diese Naturanlage dahin abgezielet sei, unseren Begriff von den Fesseln der Erfahrung und den Schranken der bloßen Naturbetrachtung soweit loszumachen, daß er wenigstens ein Feld vor sich eröffnet sehe, was bloß Gegenstände für den reinen Verstand enthält, die keine Sinnlichkeit erreichen kann, zwar nicht in der Absicht, um uns mit diesen spekulativ zu beschäftigen (weil wir keinen Boden finden, worauf wir Fuß fassen können), sondern damit praktische Prinzipien, die, ohne einen solchen Raum für ihre notwendige Erwartung und Hoffnung vor sich zu finden, sich nicht zu der Allgemeinheit ausbreiten könnten, deren die Vernunft in moralischer Absicht unumgänglich bedarf, freies Feld erhalten.

Da finde ich nun, daß die *psychologische* Idee, ich mag dadurch auch noch so wenig von der reinen und über alle Erfahrungsbegriffe erhabenen Natur der menschlichen Seele einsehen, doch wenigstens die Unzulänglichkeit der letzteren deutlich gnug zeige, und mich dadurch vom Materialism, als einem zu keiner Naturerklärung tauglichen, und überdem die Vernunft in praktischer Absicht verengenden psychologischen Begriffe abführe. So dienen die *kosmologische* Ideen durch die sichtbare Unzulänglichkeit aller möglichen Naturerkenntnis, die Vernunft in ihrer rechtmäßigen Nachfrage zu befriedigen, uns vom Naturalism, der die Natur vor sich selbst gnugsam ausgeben will, abzuhalten. Endlich, da alle Naturnotwendigkeit in der Sinnenwelt jederzeit bedingt ist, indem sie immer Abhängigkeit der Dinge von andern voraussetzt, und die unbedingte Notwendigkeit nur in der Einheit einer von der Sinnenwelt unterschiedenen Ursache gesucht werden muß, die Kausalität derselben aber wiederum, wenn sie bloß Natur wäre, niemals das Dasein des Zufälligen als seine Folge begreiflich machen könnte, so macht sich die Vernunft vermittelst der *theologischen* Idee vom Fatalism los, sowohl einer blinden Naturnotwendigkeit in dem Zusammenhange der Natur selbst, ohne erstes Prinzip, als auch in der Kausalität dieses Prinzips selbst, und führt auf den Begriff einer Ursache durch Freiheit, mithin einer obersten Intelligenz. So dienen die transszendentale Ideen, wenngleich nicht dazu, uns positiv zu belehren, doch die freche und das Feld der Vernunft verengende Behauptungen des *Materialismus, Naturalismus*, und *Fatalismus* aufzuheben, und dadurch den moralischen Ideen außer dem Felde der Spekulation Raum zu verschaffen, und dies würde, dünkt mich, jene Naturanlage einigermaßen erklären.

Der praktische Nutzen, den eine bloß spekulative Wissenschaft haben mag, liegt außerhalb den Grenzen dieser Wissenschaft, kann also bloß als ein Scholion angesehen werden, und gehört, wie alle Scholien, nicht als ein Teil zur Wissenschaft selbst. Gleichwohl liegt diese Beziehung doch wenigstens innerhalb den Grenzen der Philosophie, vornehmlich derjenigen, welche aus reinen Vernunftquellen schöpft, wo der spekulative Gebrauch der Vernunft in der Metaphysik mit dem praktischen in der Moral notwendig Einheit haben muß. Daher die unvermeidliche Dialektik der reinen Vernunft, in einer Metaphysik als Naturanlage betrachtet, nicht bloß als ein Schein, der aufgelöset zu werden bedarf, sondern auch als *Naturanstalt* seinem Zwecke nach, wenn man kann, erklärt zu werden verdient, wiewohl dieses Geschäfte, als überverdienstlich, der eigentlichen Metaphysik mit Recht nicht zugemutet werden darf.

Vor ein zweites, aber mehr mit dem Inhalte der Metaphysik verwandtes Scholion, müßte die Auflösung der Fragen gehalten werden, die in der Kritik fortgehen. Denn da werden gewisse Vernunftprinzipien vorgetragen, die die Naturordnung oder vielmehr den Verstand, der ihre Gesetze durch Erfahrung suchen soll, a priori bestimmen. Sie scheinen konstitutiv und gesetzgebend in Ansehung der Erfahrung zu sein, da sie doch aus bloßer Vernunft entspringen, welche nicht so, wie Verstand, als ein Prinzip möglicher Erfahrung angesehen werden darf. Ob nun diese Übereinstimmung darauf beruhe, daß, so wie Natur den Erscheinungen oder ihrem Quell, der Sinnlichkeit, nicht an sich selbst anhängt, sondern nur in der Beziehung der letzteren auf den Verstand angetroffen wird, so diesem Verstande die durchgängige Einheit seines Gebrauchs, zum Behuf einer gesamten möglichen Erfahrung (in einem System) nur mit Beziehung auf die Vernunft zukommen könne, mithin auch Erfahrung mittelbar unter der Gesetzgebung der Vernunft stehe, mag von denen, welche der Natur der Vernunft, auch außer ihrem Gebrauch in der Metaphysik, sogar in den allgemeinen Prinzipien eine Naturgeschichte überhaupt systematisch zu machen, nachspüren wollen, weiter erwogen werden; denn diese Aufgabe habe ich in der Schrift selbst zwar als wichtig vorgestellt, aber ihre Auflösung nicht versucht.

Und so endige ich die analytische Auflösung der von mir selbst aufgestellten Hauptfrage: Wie ist Metaphysik überhaupt möglich? indem ich von demjenigen, wo ihr Gebrauch wirklich, wenigstens in den Folgen gegeben ist, zu den Gründen ihrer Möglichkeit hinaufstieg.

## Auflösung der allgemeinen Frage der Prolegomenen: Wie ist Metaphysik als Wissenschaft möglich?

Metaphysik, als Naturanlage der Vernunft, ist wirklich, aber sie ist auch vor sich allein (wie die analytische Auflösung der dritten Hauptfrage bewies) dialektisch und trüglich. Aus dieser also die Grundsätze hernehmen wollen, und in dem Gebrauche derselben dem zwar natürlichen, nichtsdestoweniger aber falschen Scheine folgen, kann niemals Wissenschaft, sondern nur eitele dialektische Kunst hervorbringen, darin es eine Schule der andern zuvortun, keine aber jemals einen rechtmäßigen und dauernden Beifall erwerben kann.

Damit sie nun als Wissenschaft nicht bloß auf trügliche Überredung, sondern auf Einsicht und Überzeugung Anspruch machen könne, so muß eine Kritik der Vernunft selbst den ganzen Vorrat der Begriffe a priori, die Einteilung derselben nach den verschiedenen Quellen, der Sinnlichkeit, dem Verstande und der Vernunft, ferner eine vollständige Tafel derselben, und die Zergliedernung aller dieser Begriffe, mit allem, was daraus gefolgert werden kann, darauf aber vornehmlich die Möglichkeit des synthetischen Erkenntnisses a priori, vermittelst der Deduktion dieser Begriffe, die Grundsätze ihres Gebrauchs, endlich auch die Grenzen desselben, alles aber in einem vollständigen System darlegen. Also enthält Kritik, und auch sie ganz allein, den ganzen wohlgeprüften und bewährten Plan, ja sogar alle Mittel der Vollziehung in sich, wornach Metaphysik als Wissenschaft zustande gebracht werden kann; durch andere Wege und Mittel ist sie unmöglich. Es frägt sich also hier nicht sowohl, wie dieses Geschäfte möglich, sondern nur wie es in Gang zu bringen, und gute Köpfe von der bisherigen verkehrten und fruchtlosen zu einer untrüglichen Bearbeitung zu bewegen seien, und wie eine solche Vereinigung auf den gemeinschaftlichen Zweck am füglichsten gelenkt werden könne.

Soviel ist gewiß: wer einmal Kritik gekostet hat, den ekelt auf immer alles dogmatische Gewäsche, womit er vorher aus Not vorlieb nahm, weil seine Vernunft etwas bedurfte, und nichts Besseres zu ihrer Unterhaltung finden konnte. Die Kritik verhält sich zur gewöhnlichen Schulmetaphysik gerade wie *Chemie zur Alchimie*, oder wie *Astronomie* zur wahrsagenden *Astrologie*. Ich bin davor gut, daß niemand, der die Grundsätze der Kritik auch nur in diesen Prolegomenen durchgedacht und gefaßt hat, jemals wieder zu jener alten und sophistischen Scheinwissenschaft zurückkehren werde; vielmehr wird er mit einem gewissen Ergötzen auf eine Metaphysik hinaussehen, die nunmehr allerdings in seiner Gewalt ist, auch keiner vorbereitenden Entdeckungen mehr bedarf, und die zuerst der Vernunft daurende Befriedigung verschaffen kann. Denn das ist ein Vorzug, auf welchen unter allen möglichen Wissenschaften Metaphysik allein mit Zuversicht rechnen kann, nämlich, daß sie zur Vollendung und in den beharrlichen Zustand gebracht werden kann, da sie sich weiter nicht verändern darf, auch keiner Vermehrung durch neue Entdeckungen fähig ist; weil die Vernunft hier die Quellen ihrer Erkenntnis nicht in den Gegenständen und ihrer Anschauung, (durch die sie nicht ferner eines mehreren belehrt werden kann) sondern in sich selbst hat, und, wenn sie die Grundgesetze ihres Vermögens vollständig und gegen alle Mißdeutung bestimmt dargestellt hat, nichts übrig bleibt, was reine Vernunft a priori erkennen, ja auch nur was sie mit Grunde fragen könnte. Die sichere Aussicht auf ein so bestimmtes und geschlossenes Wissen hat einen besondern Reiz bei sich, wenn man gleich allen Nutzen (von welchem ich hernach noch reden werde) beiseite setzt.

Alle falsche Kunst, alle eitele Weisheit dauert ihre Zeit; denn endlich zerstört sie sich selbst, und die höchste Kultur derselben ist zugleich der Zeitpunkt ihres

Unterganges. Daß in Ansehung der Metaphysik diese Zeit jetzt da sei, beweiset der Zustand, in welchen sie bei allem Eifer, womit sonst Wissenschaften aller Art bearbeitet werden, unter allen gelehrten Völkern verfallen ist. Die alte Einrichtung der Universitätsstudien erhält noch ihren Schatten, eine einzige Akademie der Wissenschaften bewegt noch dann und wann durch ausgesetzte Preise, einen und anderen Versuch darin zu machen, aber unter gründliche Wissenschaften wird sie nicht mehr gezählet, und man mag selbst urteilen, wie etwa ein geistreicher Mann, den man einen großen Metaphysiker nennen wollte, diesen wohlgemeinten, aber kaum von jemanden beneideten Lobspruch aufnehmen würde.

Ob aber gleich die Zeit des Verfalls aller dogmatischen Metaphysik ungezweifelt da ist, so fehlt doch noch manches dran, um sagen zu können, daß die Zeit ihrer Wiedergeburt, vermittelst einer gründlichen und vollendeten Kritik der Vernunft dagegen schon erschienen sei. Alle Übergänge von einer Neigung zu der ihr entgegengesetzten gehen durch den Zustand der Gleichgültigkeit, und dieser Zeitpunkt ist der gefährlichste vor einen Verfasser, aber, wie mich dünkt, doch der günstigste vor die Wissenschaft. Denn wenn durch gänzliche Trennung vormaliger Verbindungen der Parteigeist erloschen ist, so sind die Gemüter in der besten Verfassung, nur allmählich Vorschläge zur Verbindung nach einem anderen Plane anzuhören.

Wenn ich sage, daß ich von diesen Prolegomenen hoffe, sie werden die Nachforschung im Felde der Kritik vielleicht rege machen, und dem allgemeinen Geiste der Philosophie, dem es im spekulativen Teile an Nahrung zu fehlen scheint, einen neuen und viel versprechenden Gegenstand der Unterhaltung darreichen, so kann ich mir schon zum voraus vorstellen: daß jedermann, den die dornichten Wege, die ich ihn in der Kritik geführt habe, unwillig und überdrüssig gemacht haben, mich fragen werde, worauf ich wohl diese Hoffnung gründe? Ich antworte, *auf das unwiderstehliche Gesetz der Notwendigkeit*.

Daß der Geist des Menschen metaphysische Untersuchungen einmal gänzlich aufgeben werde, ist ebensowenig zu erwarten, als daß wir, um nicht immer unreine Luft zu schöpfen, das Atemholen einmal lieber ganz und gar einstellen würden. Es wird also in der Welt jederzeit, und was noch mehr, bei jedem, vornehmlich dem nachdenkenden Menschen Metaphysik sein, die, in Ermangelung eines öffentlichen Richtmaßes, jeder sich nach seiner Art zuschneiden wird. Nun kann das, was bis daher Metaphysik geheißen hat, keinem prüfenden Kopfe ein Gnüge tun, ihr aber gänzlich zu entsagen, ist doch auch unmöglich, also muß endlich eine Kritik der reinen Vernunft selbst *versucht*, oder, wenn eine da ist, *untersucht*, und in allgemeine Prüfung gezogen werden, weil es sonst kein Mittel gibt, dieser dringenden Bedürfnis, welche noch etwas mehr, als bloße Wißbegierde ist, abzuhelfen.

Seitdem ich Kritik kenne, habe ich am Ende des Durchlesens einer Schrift metaphysischen Inhalts, die mich durch Bestimmung ihrer Begriffe, durch Mannigfaltigkeit und Ordnung und einen leichten Vortrag sowohl unterhielt, als auch kultivierte, mich nicht entbrechen können, zu fragen: *hat dieser Autor wohl die Metaphysik um einen Schritt weiter gebracht?* Ich bitte die gelehrte Männer um Vergebung, deren Schriften mir in anderer Absicht genutzt, und immer zur Kultur der Gemütskräfte beigetragen haben, weil ich gestehe, daß ich weder in ihren noch in meinen geringeren Versuchen (denen doch Eigenliebe zum Vorteil spricht) habe finden können, daß dadurch die Wissenschaft im mindesten weiter gebracht worden, und dieses zwar aus dem ganz natürlichen Grunde, weil die Wissenschaft noch nicht existierte, und auch nicht stückweise zusammengebracht werden kann, sondern ihr Keim in der Kritik vorher völlig präformiert sein muß. Man muß aber, um alle Mißdeutung zu verhüten, sich aus dem vorigen wohl erinnern, daß durch analytische Behandlung unserer Begriffe zwar dem Verstande allerdings recht viel genutzt, die Wissenschaft (der Metaphysik) aber dadurch nicht im mindesten weiter gebracht werde, weil jene Zergliederungen der Begriffe nur Materialien sind, daraus allererst Wissenschaft gezimmert werden soll. So mag man den Begriff von Substanz und Accidens noch so schön zergliedern und bestimmen; das ist recht gut als Vorbereitung zu irgendeinem künftigen Gebrauche. Kann ich aber gar nicht beweisen, daß in allem, was da ist, die Substanz beharre, und nur die Accidenzen wechseln, so war durch alle jene Zergliederung die Wissenschaft nicht im mindesten weiter gebracht. Nun hat Metaphysik weder diesen Satz, noch den Satz des zureichenden Grundes, viel weniger irgendeinen zusammengesetzten, als z. B. einen zur Seelenlehre oder Kosmologie gehörigen, und überall gar keinen synthetischen Satz bisher a priori gültig beweisen können: also ist durch alle jene Analysis nichts ausgerichtet, nichts geschafft und gefördert worden, und die Wissenschaft ist nach soviel Gewühl und Geräusch noch immer da, wo sie zu Aristoteles Zeiten war, obzwar die Veranstaltungen dazu, wenn man nur erst den Leitfaden zu synthetischen Erkenntnissen gefunden hätte, ohnstreitig viel besser wie sonst getroffen worden.

Glaubt jemand sich hiedurch beleidigt, so kann er diese Beschuldigung leicht zunichte machen, wenn er nur einen einzigen synthetischen, zur Metaphysik gehörigen Satz anführen will, den er auf dogmatische Art a priori zu beweisen sich erbietet, denn nur dann, wenn er dieses leistet, werde ich ihm einräumen, daß er wirklich die Wissenschaft weiter gebracht habe: sollte dieser Satz auch sonst durch die gemeine Erfahrung genug bestätigt sein. Keine Foderung kann gemäßigter und billiger sein, und, im (unausbleiblich gewissen) Fall der Nichtleistung, kein Ausspruch gerechter, als der: daß Metaphysik als Wissenschaft bisher noch gar nicht existiert habe.

Nur zwei Dinge muß ich, im Fall, daß die Ausfoderung angenommen wird, verbitten: Erstlich, das Spielwerk von *Wahrscheinlichkeit* und Mutmaßung, welches der Metaphysik ebenso schlecht ansteht, als der Geometrie: zweitens die Entscheidung vermittelst der Wünschelrute des sogenannten *gesunden Menschenverstandes*, die nicht jedermann schlägt, sondern sich nach persönlichen Eigenschaften richtet.

Denn *was das erstere anlangt*, so kann wohl nichts Ungereimteres gefunden werden, als in einer Metaphysik, einer Philosophie aus reiner Vernunft, seine Urteile auf Wahrscheinlichkeit und Mutmaßung gründen zu wollen. Alles, was a priori erkannt werden soll, wird ebendadurch vor apodiktisch gewiß ausgegeben, und muß also auch so bewiesen werden. Man könnte ebensogut eine Geometrie, oder Arithmetik auf Mutmaßungen gründen wollen; denn was den calculus probabilium der letzteren betrifft, so enthält er nicht wahrscheinliche, sondern ganz gewisse Urteile über den Grad der Möglichkeit gewisser Fälle unter gegebenen gleichartigen Bedingungen, die in der Summe aller möglichen Fälle ganz unfehlbar der Regel gemäß zutreffen müssen, ob diese gleich in Ansehung jedes einzelnen Zufalles nicht gnug bestimmt ist. Nur in der empirischen Naturwissenschaft können Mutmaßungen (vermittelst der Induktion und Analogie) gelitten werden, doch so, daß wenigstens die Möglichkeit dessen, was ich annehme, völlig gewiß sein muß.

Mit der *Berufung auf den gesunden Menschenverstand,* wenn von Begriffen und Grundsätzen, nicht sofern sie in Ansehung der Erfahrung gültig sein sollen, sondern sofern sie auch außer den Bedingungen der Erfahrung vor geltend ausgegeben werden wollen, die Rede ist, ist es womöglich noch schlechter bewandt. Denn was ist der *gesunde Verstand?* Es ist der *gemeine Verstand,* sofern er richtig urteilt. Und was ist nun der gemeine Verstand? Er ist das Vermögen der Erkenntnis und des Gebrauchs der Regeln in concreto, zum

Unterschiede des *spekulativen Verstandes,* welcher ein Vermögen der Erkenntnis der Regeln in abstracto ist. So wird der gemeine Verstand die Regel: daß alles, was geschieht, vermittelst seiner Ursache bestimmt sei, kaum verstehen, niemals aber so im allgemeinen einsehen können. Er fordert daher ein Beispiel aus Erfahrung, und, wenn er hört, daß dieses nichts anders bedeute, als was er jederzeit gedacht hat, wenn ihm eine Fensterscheibe zerbrochen oder ein Hausrat verschwunden war, so versteht er den Grundsatz und räumt ihn auch ein. Gemeiner Verstand hat also weiter keinen Gebrauch, als sofern er seine Regeln (obgleich dieselben ihm wirklich a priori beiwohnen) in der Erfahrung bestätigt sehen kann; mithin sie a priori, und unabhängig von der Erfahrung einzusehen, gehört vor den spekulativen Verstand, und liegt ganz außer dem Gesichtskreise des gemeinen Verstandes. Metaphysik hat es ja aber lediglich mit der letzteren Art Erkenntnis zu tun, und es ist gewiß ein schlechtes Zeichen eines gesunden Verstandes, sich auf jenen Gewährsmann zu berufen, der hier gar kein Urteil hat, und den man sonst wohl nur über die Achsel ansieht, außer, wenn man sich im Gedränge sieht, und sich in seiner Spekulation weder zu raten, noch zu helfen weiß.

Es ist eine gewöhnliche Ausflucht, deren sich diese falsche Freunde des gemeinen Menschenverstandes (die ihn gelegentlich hoch preisen, gemeiniglich aber verachten) zu bedienen pflegen, daß sie sagen: Es müssen doch endlich einige Sätze sein, die unmittelbar gewiß seien, und von denen man nicht allein keinen Beweis, sondern auch überall keine Rechenschaft zu geben brauche, weil man sonst mit den Gründen seiner Urteile niemals zu Ende kommen würde; aber zum Beweise dieser Befugnis können sie (außer dem Satze des Widerspruchs, der aber die Wahrheit synthetischer Urteile darzutun nicht hinreichend ist) niemals etwas anderes Ungezweifeltes, was sie dem gemeinen Menschenverstande unmittelbar beimessen dürfen, anführen, als mathematische Sätze: z. B. daß zweimal zwei vier ausmachen, daß zwischen zwei Punkten nur eine gerade Linie sei, u. a. m. Das sind aber Urteile, die von denen der Metaphysik himmelweit unterschieden sind. Denn in der Mathematik kann ich alles das durch mein Denken selbst machen (konstruieren), was ich mir durch einen Begriff als möglich vorstelle: ich tue zu einer Zwei die andere Zwei nach und nach hinzu, und mache selbst die Zahl vier, oder ziehe in Gedanken von einem Punkte zum andern allerlei Linien, und kann nur eine einzige ziehen, die sich in allen ihren Teilen (gleichen sowohl als ungleichen) ähnlich ist. Aber ich kann aus dem Begriffe eines Dinges durch meine ganze Denkkraft nicht den

Begriff von etwas anderem, dessen Dasein notwendig mit dem ersteren verknüpft ist, herausbringen, sondern muß die Erfahrung zu Rate ziehen, und, obgleich mir mein Verstand a priori (doch immer nur in Beziehung auf mögliche Erfahrung) den Begriff von einer solchen Verknüpfung (der Kausalität) an die Hand gibt, so kann ich ihn doch nicht, wie die Begriffe der Mathematik, a priori in der Anschauung darstellen, und also seine Möglichkeit a priori darlegen, sondern dieser Begriff, samt denen Grundsätzen seiner Anwendung, bedarf immer, wenn er a priori gültig sein soll – wie es doch in der Metaphysik verlangt wird – eine Rechtfertigung und Deduktion seiner Möglichkeit, weil man sonst nicht weiß, wie weit er gültig sei, und ob er nur in der Erfahrung oder auch außer ihr gebraucht werden könne. Also kann man sich in der Metaphysik, als einer spekulativen Wissenschaft der reinen Vernunft, niemals auf den gemeinen Menschenverstand berufen, aber wohl, wenn man genötigt ist, sie zu verlassen, und auf alles reine spekulative Erkenntnis, welches jederzeit ein Wissen sein muß, mithin auch auf Metaphysik selbst, und deren Belehrung (bei gewissen Angelegenheiten) Verzicht zu tun, und ein vernünftiger Glaube uns allein möglich, zu unserm Bedürfnis auch hinreichend (vielleicht gar heilsamer, als das Wissen selbst) befunden wird. Denn alsdenn ist die Gestalt der Sache ganz verändert. Metaphysik muß Wissenschaft sein, nicht allein im Ganzen, sondern auch allen ihren Teilen, sonst ist sie gar nichts; weil sie, als Spekulation der reinen Vernunft, sonst nirgends Haltung hat, als an allgemeinen Einsichten. Außer ihr aber können Wahrscheinlichkeit und gesunder Menschenverstand gar wohl ihren nützlichen und rechtmäßigen Gebrauch haben, aber nach ganz eigenen Grundsätzen, deren Gewicht immer von der Beziehung aufs Praktische abhängt.

Das ist es, was ich zur Möglichkeit einer Metaphysik als Wissenschaft zu fodern mich berechtigt halte.

# Anhang

## von dem, was geschehen kann, um Metaphysik als Wissenschaft wirklich zu machen.

Da alle Wege, die man bisher eingeschlagen ist, diesen Zweck nicht erreicht haben, auch außer einer vorhergehenden Kritik der reinen Vernunft ein solcher wohl niemals erreicht werden wird, so scheint die Zumutung nicht unbillig, den Versuch, der hievon jetzt vor Augen gelegt ist, einer genauen und sorgfältigen Prüfung zu unterwerfen, wofern man es nicht für noch ratsamer hält, lieber alle Ansprüche auf Metaphysik gänzlich aufzugeben, in welchem Falle, wenn man seinem Vorsatze nur treu bleibt, nichts dawider einzuwenden ist. Wenn man den Lauf der Dinge nimmt, wie er wirklich geht, nicht, wie er gehen sollte, so gibt es zweierlei Urteile, ein *Urteil, das vor der Untersuchung vorhergeht,* und dergleichen ist in unserm Falle dasjenige, wo der Leser aus seiner Metaphysik über die Kritik der reinen Vernunft (die allererst die Möglichkeit derselben untersuchen soll) ein Urteil fället, und dann ein anderes *Urteil, welches auf die Untersuchung folgt,* wo der Leser die Folgerungen aus den kritischen Untersuchungen, die ziemlich stark wider seine sonst angenommene Metaphysik verstoßen dürften, eine Zeitlang beiseite zu setzen vermag, und allererst die Gründe prüft, woraus jene Folgerungen abgeleitet sein mögen. Wäre das, was gemeine Metaphysik vorträgt, ausgemacht gewiß (etwa wie Geometrie), so würde die erste Art zu urteilen gelten; denn wenn die Folgerungen gewisser Grundsätze ausgemachten Wahrheiten widerstreiten, so sind jene Grundsätze falsch, und ohne alle weitere Untersuchung zu verwerfen. Verhält es sich aber nicht so, daß Metaphysik von unstreitig gewissen (synthetischen) Sätzen einen Vorrat habe, und vielleicht gar so, daß ihrer eine Menge, die ebenso scheinbar als die besten unter ihnen, gleichwohl in ihren Folgerungen selbst unter sich streitig sind, überall aber ganz und gar kein sicheres Kriterium der Wahrheit eigentlich-metaphysischer (synthetischer) Sätze in ihr anzutreffen ist: so kann die vorhergehende Art zu urteilen nicht statthaben, sondern die Untersuchung der Grundsätze der Kritik muß vor allem Urteile über ihren Wert oder Unwert vorhergehen.

*Probe eines Urteils über die Kritik, das vor der Untersuchung vorhergeht.*

Dergleichen Urteil ist in den Göttingischen gelehrten Anzeigen, der Zugabe dritten Stück, vom 19 Jenner 1782 Seite 40 u. f. anzutreffen.

Wenn ein Verfasser, der mit dem Gegenstande seines Werks wohl bekannt ist, der durchgängig eigenes Nachdenken in die Bearbeitung desselben zu legen beflissen gewesen, einem Rezensenten in die Hände fällt, der seinerseits scharfsichtig gnug ist, die Momente auszuspähen, auf die der Wert oder Unwert der Schrift eigentlich beruht, nicht an Worten hängt, sondern den Sachen nachgeht, und bloß die Prinzipien, von denen der Verfasser ausging, sichtet und prüft, so mag dem letzteren zwar die Strenge des Urteils mißfallen, das Publikum ist dagegen gleichgültig, denn es gewinnt dabei; und der Verfasser selbst kann zufrieden sein, daß er Gelegenheit bekommt, seine von einem Kenner frühzeitig geprüfte Aufsätze zu berichtigen oder zu erläuteren, und auf solche Weise, wenn er im Grunde Recht zu haben glaubt, den Stein des Anstoßes, der seiner Schrift in der Folge nachteilig werden könnte, bei Zeiten wegzuräumen.

Ich befinde mich mit meinem Rezensenten in einer ganz anderen Lage. Er scheint gar nicht einzusehen, worauf es bei der Untersuchung, womit ich mich (glücklich oder unglücklich) beschäftigte, eigentlich ankam, und, es sei nun Ungeduld ein weitläuftig Werk durchzudenken oder verdrießliche Laune über eine angedrohete Reform einer Wissenschaft, bei der er schon längstens alles ins reine gebracht zu haben glaubte, oder, welches ich ungern vermute, ein wirklich eingeschränkter Begriff daran schuld, dadurch er sich über seine Schulmetaphysik niemals hinauszudenken vermag; kurz, er geht mit Ungestüm eine lange Reihe von Sätzen durch, bei denen man, ohne ihre Prämissen zu kennen, gar nichts denken kann, streut hin und wieder seinen Tadel aus, von welchem der Leser ebensowenig den Grund sieht, als er die Sätze versteht, dawider derselbe gerichtet sein soll, und kann also weder dem Publikum zur Nachricht nützen, noch mir im Urteile der Kenner das mindeste schaden, daher ich diese Beurteilung gänzlich übergangen sein würde, wenn sie mir nicht zu einigen Erläuterungen Anlaß gäbe, die den Leser dieser Prolegomenen in einigen Fällen vor Mißdeutung bewahren könnten.

Damit Rezensent aber doch einen Gesichtspunkt fasse, aus dem er am leichtesten auf eine dem Verfasser unvorteilhafte Art das ganze Werk vor Augen stellen könne, ohne sich mit irgendeiner besondern Untersuchung bemühen zu dürfen, so fängt er damit an und endigt auch damit, daß er sagt: "dies Werk ist ein System des transszendenten (oder, wie er es übersetzt, des höheren) Idealismus."

Beim Anblicke dieser Zeile sahe ich bald, was vor eine Rezension da herauskommen würde, ungefähr so, als wenn jemand, der niemals von Geometrie etwas gehört oder gesehen hätte, einen Euklid fände, und ersucht würde, sein Urteil darüber zu fällen, nachdem er beim Durchblättern auf viel Figuren gestoßen, etwa sagte: "das Buch ist eine systematische Anweisung zum Zeichnen: der Verfasser bedient sich einer besondern Sprache, um dunkele, unverständliche Vorschriften zu geben, die am Ende doch nichts mehr ausrichten können, als was jeder durch ein gutes natürliches Augenmaß zustande bringen kann etc."

Laßt uns indessen doch zusehen, was denn das vor ein Idealism sei, der durch mein ganzes Werk geht, obgleich bei weitem noch nicht die Seele des Systems ausmacht.

Der Satz aller echten Idealisten, von der eleatischen Schule an, bis zum Bischof BERKELEY, ist in dieser Formel enthalten: "alle Erkenntnis durch Sinne und Erfahrung ist nichts als lauter Schein, und nur in den Ideen des reinen Verstandes und Vernunft ist Wahrheit."

Der Grundsatz, der meinen Idealism durchgängig regiert und bestimmt, ist dagegen: "Alles Erkenntnis von Dingen, aus bloßem reinen Verstande oder reiner Vernunft, ist nichts als lauter Schein, und nur in der Erfahrung ist Wahrheit."

Das ist ja aber gerade das Gegenteil von jenem eigentlichen Idealism, wie kam ich denn dazu, mich dieses Ausdrucks zu einer ganz entgegengesetzten Absicht zu bedienen, und wie der Rezensent, ihn allenthalben zu sehen?

Die Auflösung dieser Schwierigkeit beruht auf etwas, was man sehr leicht aus dem Zusammenhange der Schrift hätte einsehen können, wenn man gewollt hätte. Raum und Zeit, samt allem, was sie in sich enthalten, sind nicht die Dinge, oder deren Eigenschaften an sich selbst, sondern gehören bloß zu Erscheinungen derselben; bis dahin bin ich mit jenen Idealisten auf einem Bekenntnisse. Allein diese, und unter ihnen vornehmlich BERKELEY, sahen den Raum vor eine bloße empirische Vorstellung an, die ebenso, wie die Erscheinungen in ihm, uns nur vermittelst der Erfahrung oder Wahrnehmung, zusamt allen seinen Bestimmungen bekannt würde; ich dagegen zeige zuerst: daß der Raum (und ebenso die Zeit, auf welche BERKELEY nicht acht hatte) samt allen seinen Bestimmungen a priori von uns erkannt werden könne, weil er sowohl, als die Zeit uns vor aller Wahrnehmung, oder Erfahrung, als reine Form unserer Sinnlichkeit beiwohnt, und alle Anschauung derselben, mithin auch alle Erscheinungen möglich macht. Hieraus folgt: daß, da Wahrheit auf allgemeinen und notwendigen Gesetzen, als ihren Kriterien beruht, die Erfahrung bei BERKELEY keine Kriterien der Wahrheit haben könne, weil den Erscheinungen derselben (von ihm) nichts a priori zum Grunde gelegt ward, woraus denn folgte, daß sie nichts als lauter Schein sei, dagegen bei uns Raum und Zeit (in Verbindung mit den reinen Verstandesbegriffen) a priori aller möglichen Erfahrung ihr Gesetz vorschreiben, welches zugleich das sichere Kriterium abgibt, in ihr Wahrheit von Schein zu unterscheiden.

Mein sogenannter (eigentlich kritischer) Idealism ist also von ganz eigentümlicher Art, nämlich so, daß er den gewöhnlichen umstürzt, daß durch ihn alle Erkenntnis a priori, selbst die der Geometrie, zuerst objektive Realität bekömmt, welche ohne diese meine bewiesene Idealität des Raumes und der Zeit selbst von den eifrigsten Realisten gar nicht behauptet werden könnte. Bei solcher Bewandtnis der Sachen wünschte ich nun allen Mißverstand zu verhüten, daß ich diesen meinen Begriff anders benennen könnte; aber ihn ganz abzuändern will sich nicht wohl tun lassen. Es sei mir also erlaubt, ihn künftig, wie oben schon angeführt worden, den formalen, besser noch den kritischen Idealism zu nennen, um ihn vom dogmatischen des BERKELEY und vom skeptischen des CARTESIUS zu unterscheiden.

Weiter finde ich in der Beurteilung dieses Buchs nichts Merkwürdiges. Der Verfasser derselben urteilt durch und durch en gros, eine Manier, die klüglich gewählt ist, weil man dabei sein eigen Wissen oder Nichtwissen nicht verrät: ein einziges ausführliches Urteil en detail würde, wenn es, wie billig, die Hauptfrage betroffen hätte, vielleicht meinen Irrtum, vielleicht auch das Maß der Einsicht des Rezensenten in dieser Art von Untersuchungen aufgedeckt haben. Es war auch kein übel ausgedachter Kunstgriff, um Lesern, welche sich nur aus Zeitungsnachrichten von Büchern einen Begriff zu machen gewohnt sind, die Lust zum Lesen des Buchs selbst frühzeitig zu benehmen, eine Menge von Sätzen, die außer dem Zusammenhange mit ihren Beweisgründen und Erläuterungen gerissen (vornehmlich so antipodisch, wie diese in Ansehung aller Schulmetaphysik sind) notwendig widersinnisch lauten müssen, in einem Atem hintereinander herzusagen, die Geduld des Lesers bis zum Ekel zu bestürmen, und denn, nachdem man mich mit dem sinnreichen Satze, daß beständiger Schein Wahrheit sei, bekannt gemacht hat, mit der derben, doch väterlichen Lektion zu schließen: Wozu denn der Streit wider die angenommene Sprache, wozu denn und woher die idealistische Unterscheidung? Ein Urteil, welches alles Eigentümliche meines Buchs, da es vorher metaphysisch-ketzerisch sein sollte, zuletzt in einer bloßen Sprachneuerung setzt, und klar beweist, daß mein angemaßter Richter auch nicht das mindeste davon, und obenein sich selbst nicht recht verstanden habe.

Rezensent spricht indessen wie ein Mann, der sich wichtiger und vorzüglicher Einsichten bewußt sein muß, die er aber noch verborgen hält; denn mir ist in Ansehung der Metaphysik neuerlich nichts bekannt geworden, was zu einem solchen Tone berechtigen könnte. Daran tut er aber sehr unrecht, daß er der Welt seine Entdeckungen vorenthält; denn es geht ohne Zweifel noch mehreren so, wie mir, daß sie, bei allem Schönen, was seit langer Zeit in diesem Fache geschrieben worden, doch nicht finden konnten, daß die Wissenschaft dadurch um einen Fingerbreit weiter gebracht worden. Sonst Definitionen anspitzen, lahme Beweise mit neuen Krücken versehen, dem Cento der Metaphysik neue Lappen, oder einen veränderten Zuschnitt geben, das findet man noch wohl, aber das verlangt die Welt nicht. Metaphysischer Behauptungen ist die Welt satt: man will die Möglichkeit dieser Wissenschaft, die Quellen, aus denen Gewißheit in derselben abgeleitet werden könne, untersucht wissen und sichere Kriterien haben, den dialektischen Schein der reinen Vernunft von der Wahrheit zu unterscheiden. Hiezu muß der Rezensent den Schlüssel besitzen, sonst würde er nimmermehr aus so hohem Tone gesprochen haben.

Aber ich gerate auf den Verdacht, daß ihm ein solches Bedürfnis der Wissenschaft vielleicht niemals in Gedanken gekommen sein mag, denn sonst würde er seine Beurteilung auf diesen Punkt gerichtet, und selbst ein fehlgeschlagener Versuch in einer so wichtigen Angelegenheit Achtung bei ihm erworben haben. Wenn das ist, so sind wir wieder gute Freunde. Er mag sich so tief in seine Metaphysik hineindenken, als ihm gut dünkt, daran soll ihn niemand hindern, nur über das, was außer der Metaphysik liegt, die in der Vernunft befindliche Quelle derselben, kann er nicht urteilen. Daß mein Verdacht aber nicht ohne Grund sei, beweise ich dadurch, daß er von der Möglichkeit der synthetischen Erkenntnis a priori, welche die eigentliche Aufgabe war, auf deren Auflösung das Schicksal der Metaphysik gänzlich beruht, und worauf meine Kritik (ebenso wie hier meine Prolegomena) ganz und gar hinauslief, nicht ein Wort erwähnete. Der Idealism, auf den er stieß, und an welchem er auch hängen blieb, war nur als das einige Mittel jene Aufgabe aufzulösen in den Lehrbegriff aufgenommen worden (wiewohl er denn auch noch aus andern Gründen seine Bestätigung erhielt), und da hätte er zeigen müssen, daß entweder jene Aufgabe die Wichtigkeit nicht habe, die ich ihr (wie auch jetzt in den Prolegomenen) beilege, oder daß sie durch meinen Begriff von Erscheinungen gar nicht, oder auch auf andere Art besser könne aufgelöset werden, davon aber finde ich in der Rezension kein Wort. Der Rezensent verstand also nichts von meiner Schrift, und vielleicht auch nichts von dem Geist und dem Wesen der Metaphysik selbst, wofern nicht vielmehr, welches ich lieber annehme, Rezenteneilfertigkeit, über die Schwierigkeit, sich durch soviel Hindernisse durchzuarbeiten, entrüstet, einen nachteiligen Schatten auf das vor ihm liegende Werk warf, und es ihm in seinen Grundzügen unkenntlich machte.

Es fehlt noch sehr viel daran, daß eine gelehrte Zeitung, ihre Mitarbeiter mögen auch mit noch so guter Wahl und Sorgfalt ausgesucht werden, ihr sonst verdientes Ansehen im Felde der Metaphysik ebenso wie anderwärts behaupten könne. Andere Wissenschaften und Kenntnisse haben doch ihren Maßstab. Mathematik hat ihren in sich selbst, Geschichte und Theologie in weltlichen oder heiligen Büchern, Naturwissenschaft und Arzneikunst in Mathematik und Erfahrung, Rechtsgelehrsamkeit in Gesetzbüchern, und sogar Sachen des Geschmacks in Mustern der Alten. Allein zur Beurteilung des Dinges, das Metaphysik heißt, soll erst der Maßstab gefunden werden (ich habe einen Versuch gemacht, ihn sowohl als seinen Gebrauch zu bestimmen). Was ist nun, so lange, bis dieser ausgemittelt wird, zu tun, wenn doch über Schriften dieser Art geurteilt werden muß? Sind sie von dogmatischer Art, so mag man es halten wie man will: lange wird keiner hierin über den andern den Meister spielen, ohne daß sich einer findet, der es ihm wieder vergilt. Sind sie aber von kritischer Art, und zwar nicht in Absicht auf andere Schriften, sondern auf die Vernunft selbst, so daß der Maßstab der Beurteilung nicht schon angenommen werden kann, sondern allererst gesucht wird; so mag Einwendung und Tadel unverbeten sein, aber Verträglichkeit muß dabei doch zum Grunde liegen, weil das Bedürfnis gemeinschaftlich ist, und der Mangel benötigter Einsicht ein richterlich-entscheidendes Ansehen unstatthaft macht.

Um aber diese meine Verteidigung zugleich an das Interesse des philosophierenden gemeinen Wesens zu knüpfen, schlage ich einen Versuch vor, der über die Art, wie alle metaphysische Untersuchungen auf ihren gemeinschaftlichen Zweck gerichtet werden müssen, entscheidend ist. Dieser ist nichts anders, als was sonst wohl Mathematiker getan haben, um in einem Wettstreit den Vorzug ihrer Methoden auszumachen, nämlich eine

Ausfoderung an meinen Rezensenten, nach seiner Art irgendeinen einzigen von ihm behaupteten wahrhaftig metaphysischen, d. i. synthetischen und a priori aus Begriffen erkannten, allenfalls auch einen der unentbehrlichsten, als z. B. den Grundsatz der Beharrlichkeit der Substanz, oder der notwendigen Bestimmung der Weltbegebenheiten durch ihre Ursache, aber, wie es sich gebührt, durch Gründe a priori zu erweisen. Kann er dies nicht (Stillschweigen aber ist Bekenntnis) so muß er einräumen: daß, da Metaphysik ohne apodiktische Gewißheit der Sätze dieser Art ganz und gar nichts ist, die Möglichkeit oder Unmöglichkeit derselben vor allen Dingen zuerst in einer Kritik der reinen Vernunft ausgemacht werden müsse, mithin ist er verbunden, entweder zu gestehen, daß meine Grundsätze der Kritik richtig sind, oder ihre Ungültigkeit zu beweisen. Da ich aber schon zum voraus sehe, daß, so unbesorgt er sich auch bisher auf die Gewißheit seiner Grundsätze verlassen hat, dennoch, da es auf eine strenge Probe ankommt, er in dem ganzen Umfange der Metaphysik auch nicht einen einzigen auffinden werde, mit dem er dreust auftreten könne, so will ich ihm die vorteilhafteste Bedingung bewilligen, die man nur in einem Wettstreite erwarten kann, nämlich ihm das onus probandi abnehmen, und es mir auflegen lassen.

Er findet nämlich in diesen Prolegomenen, und in meiner Kritik acht Sätze, deren zwei und zwei immer einander widerstreiten, jeder aber notwendig zur Metaphysik gehört, die ihn entweder annehmen oder widerlegen muß, (wiewohl kein einziger derselben ist, der nicht zu seiner Zeit von irgendeinem Philosophen wäre angenommen worden). Nun hat er die Freiheit, sich einen von diesen acht Sätzen nach Wohlgefallen auszusuchen, und ihn ohne Beweis, den ich ihm schenke, anzunehmen; aber nur einen (denn ihm wird Zeitverspillerung ebensowenig dienlich sein wie mir) und als denn meinen Beweis des Gegensatzes anzugreifen. Kann ich nun diesen gleichwohl retten, und auf solche Art zeigen, daß nach Grundsätzen, die jede dogmatische Metaphysik notwendig anerkennen muß, das Gegenteil des von ihm adoptierten Satzes gerade ebenso klar bewiesen werden könne, so ist dadurch ausgemacht, daß in der Metaphysik ein Erbfehler liege, der nicht erklärt, vielweniger gehoben werden kann, als wenn man bis zu ihrem Geburtsort, der reinen Vernunft selbst, hinaufsteigt, und so muß meine Kritik entweder angenommen, oder an ihrer Statt eine bessere gesetzt, sie also wenigstens studiert werden; welches das einzige ist, das ich jetzt nur verlange. Kann ich dagegen meinen Beweis nicht retten, so steht ein synthetischer Satz a priori aus dogmatischen Grundsätzen auf der Seite meines

Gegners fest, meine Beschuldigung der gemeinen Metaphysik war darum ungerecht, und ich erbiete mich, seinen Tadel meiner Kritik (obgleich das lange noch nicht die Folge sein dürfte,) vor rechtmäßig zu erkennen. Hiezu aber würde es, dünkt mich, nötig sein, aus dem Inkognito zu treten, weil ich nicht absehe, wie es sonst zu verhüten wäre, daß ich nicht, statt einer Aufgabe von ungenannten und doch unberufenen Gegnern, mit mehreren beehrt oder bestürmt würde.

*Vorschlag zu einer Untersuchung der Kritik, auf welche das Urteil folgen kann.*

Ich bin dem gelehrten Publikum auch vor das Stillschweigen verbunden, womit es eine geraume Zeit hindurch meine Kritik beehrt hat; denn dieses beweiset doch einen Aufschub des Urteils, und also einige Vermutung, daß in einem Werke, was alle gewohnte Wege verläßt und einen neuen einschlägt, in den man sich nicht sofort finden kann, doch vielleicht etwas liegen möge, wodurch ein wichtiger, aber jetzt abgestorbener Zweig menschlicher Erkenntnisse neues Leben und Fruchtbarkeit bekommen könne, mithin eine Behutsamkeit, durch kein übereiltes Urteil den noch zarten Propfreis abzubrechen und zu zerstören. Eine Probe eines aus solchen Gründen verspäteten Urteils kommt mir nur eben jetzt in der Gothaischen gelehrten Zeitung vor Augen, dessen Gründlichkeit (ohne mein hiebei verdächtiges Lob in Betracht zu ziehen) aus einer faßlichen und unverfälschten Vorstellung eines zu den ersten Prinzipien meines Werks gehörigen Stücks jeder Leser von selbst wahrnehmen wird.

Und nun schlage ich vor, da ein weitläuftig Gebäude unmöglich durch einen flüchtigen Überschlag sofort im Ganzen beurteilt werden kann, es von seiner Grundlage an, Stück vor Stück zu prüfen, und hiebei gegenwärtige Prolegomena als einen allgemeinen Abriß zu brauchen, mit welchem denn gelegentlich das Werk selbst verglichen werden könnte. Dieses Ansinnen, wenn es nichts weiter, als meine Einbildung von Wichtigkeit, die die Eitelkeit gewöhnlichermaßen allen eigenen Produkten leihet, zum Grunde hätte, wäre unbescheiden, und verdiente mit Unwillen abgewiesen zu werden. Nun aber stehen die Sachen der ganzen spekulativen Philosophie so, daß sie auf dem Punkte sind, völlig zu erlöschen, obgleich die menschliche Vernunft an ihnen mit nie erlöschender Neigung hängt, die nur darum weil sie unaufhörlich getäuscht wird, es jetzt, obgleich vergeblich, versucht, sich in Gleichgültigkeit zu verwandeln.

In unserm denkenden Zeitalter läßt sich nicht vermuten, daß nicht viele verdiente Männer jede gute Veranlassung benutzen sollten, zu dem gemeinschaftlichen Interesse der sich immer mehr aufklärenden Vernunft mit zu arbeiten, wenn sich nur einige Hoffnung zeigt, dadurch zum Zweck zu gelangen. Mathematik, Naturwissenschaft, Gesetze, Künste, selbst Moral etc. füllen die Seele noch nicht gänzlich aus; es bleibt immer noch ein Raum in ihr übrig, der vor die bloße reine und spekulative Vernunft abgestochen ist, und dessen Leere uns zwingt, in Fratzen oder Tändelwerk, oder auch Schwärmerei, dem Scheine nach Beschäftigung und Unterhaltung, im Grunde aber nur Zerstreuung zu suchen, um den beschwerlichen Ruf der Vernunft zu übertäuben, die ihrer Bestimmung gemäß etwas verlangt, was sie vor sich selbst befriedige, und nicht bloß zum Behuf anderer Absichten, oder zum Interesse der Neigungen in Geschäftigkeit versetze. Daher hat eine Betrachtung, die sich bloß mit diesem Umfange der vor sich selbst bestehenden Vernunft beschäftigt, darum, weil eben in demselben alle andere Kenntnisse, sogar Zwecke zusammenstoßen, und sich in ein Ganzes vereinigen müssen, wie ich mit Grunde vermute, vor jedermann, der es nur versucht hat, seine Begriffe so zu erweitern, einen großen Reiz und, ich darf wohl sagen, einen größeren, als jedes andere theoretische Wissen, welches man gegen jenes nicht leichtlich eintauschen würde.

Ich schlage aber darum diese Prolegomena zum Plane und Leitfaden der Untersuchung vor, und nicht das Werk selbst, weil ich mit diesem zwar, was den Inhalt, die Ordnung und Lehrart und die Sorgfalt betrifft, die auf jeden Satz gewandt worden, um ihn genau zu wägen und zu prüfen, ehe ich ihn hinstellete, auch noch jetzt ganz wohl zufrieden bin, (denn es haben Jahre dazu gehört, mich nicht allein von dem Ganzen, sondern bisweilen auch nur von einem einzigen Satze in Ansehung seiner Quellen völlig zu befriedigen,) aber mit meinem Vortrage in einigen Abschnitten der Elementarlehre, z. B. der Deduktion der Verstandesbegriffe, oder dem von den Paralogismen d. r. V., nicht völlig zufrieden bin, weil eine gewisse Weitläuftigkeit in denselben die Deutlichkeit hindert, an deren Statt man das, was hier die Prolegomenen in Ansehung dieser Abschnitte sagen, zum Grunde der Prüfung legen kann.

Man rühmt von den Deutschen, daß, wozu Beharrlichkeit und anhaltender Fleiß erforderlich sind, sie es darin weiter als andere Völker bringen können. Wenn diese Meinung gegründet ist, so zeigt sich hier nun eine Gelegenheit, ein Geschäfte, an dessen glücklichem Ausgange kaum zu zweifeln ist, und woran alle denkende Menschen gleichen Anteil nehmen, welches doch bisher nicht gelungen war, zur Vollendung zu bringen, und jene vorteilhafte Meinung zu bestätigen; vornehmlich, da die Wissenschaft, welche es betrifft, von so besonderer Art ist, daß sie auf einmal zu ihrer ganzen Vollständigkeit und in denjenigen *beharrlichen Zustand* gebracht werden kann, da sie nicht im mindesten weiter gebracht, und durch spätere Entdeckung weder vermehrt, noch auch nur verändert werden kann, (den Ausputz durch hin und wieder vergrößerte Deutlichkeit oder angehängten Nutzen in allerlei Absicht rechne ich hieher nicht), ein Vorteil, den keine andere Wissenschaft hat, noch haben kann, weil keine ein so völlig isoliertes, von andern unabhängiges und mit ihnen unvermengtes Erkenntnisvermögen betrifft. Auch scheint dieser meiner Zumutung der jetzige Zeitpunkt nicht ungünstig zu sein, da man jetzt in Teutschland fast nicht weiß, womit man sich, außer den sogenannten nützlichen Wissenschaften noch sonst beschäftigen könne, so daß es doch nicht bloßes Spiel, sondern zugleich Geschäfte sei, wodurch ein bleibender Zweck erreicht wird.

Wie die Bemühungen der Gelehrten zu einem solchen Zweck vereinigt werden könnten, dazu die Mittel zu ersinnen, muß ich andern überlassen. Indessen ist meine Meinung nicht, irgend jemanden eine bloße Befolgung meiner Sätze zuzumuten, oder mir auch nur mit der Hoffnung derselben zu schmeicheln, sondern, es mögen sich, wie es zutrifft, Angriffe, Wiederholungen, Einschränkungen, oder auch Bestätigung, Ergänzung und Erweiterung, dabei zutragen, wenn die Sache nur von Grund aus untersucht wird, so kann es jetzt nicht mehr fehlen, daß nicht ein Lehrgebäude, wenngleich nicht das meinige, dadurch zustande komme, was ein Vermächtnis vor die Nachkommenschaft werden kann, davor sie Ursache haben wird, dankbar zu sein.

Was, wenn man nur allererst mit den Grundsätzen der Kritik in Richtigkeit ist, vor eine Metaphysik, ihr zufolge, könne erwartet werden und wie diese keinesweges dadurch, daß man ihr die falsche Federn abgezogen, armselig und zu einer nur kleinen Figur herabgesetzt erscheinen dürfe, sondern in anderer Absicht reichlich und anständig ausgestattet erscheinen könne, würde hier zu zeigen zu weitläuftig sein; allein andere große Nutzen, die eine solche Reform nach sich ziehen würde, fallen sofort in die Augen. Die gemeine Metaphysik schaffte dadurch doch schon Nutzen, daß sie die Elementarbegriffe des reinen Verstandes aufsuchte, um sie durch Zergliederung deutlich und durch Erklärungen bestimmt zu machen. Dadurch ward sie eine Kultur vor die

Vernunft, wohin diese sich auch nachher zu wenden gut finden möchte. Allein das war auch alles Gute, was sie tat. Denn dieses ihr Verdienst vernichtete sie dadurch wieder, daß sie durch waghalsige Behauptungen den Eigendünkel, durch subtile Ausflüchte und Beschönigung der Sophisterei, und durch die Leichtigkeit, über die schwersten Aufgaben mit ein wenig Schulweisheit wegzukommen, die Seichtigkeit begünstigte, welche desto verführerischer ist, je mehr sie einerseits etwas von der Sprache der Wissenschaft, andererseits von der Popularität anzunehmen die Wahl hat und dadurch allen alles, in der Tat aber überall nichts ist. Durch Kritik dagegen wird unserem Urteil der Maßstab zugeteilt, wodurch Wissen von Scheinwissen mit Sicherheit unterschieden werden kann, und diese gründet dadurch, daß sie in der Metaphysik in ihre volle Ausübung gebracht wird, eine Denkungsart, die ihren wohltätigen Einfluß nachher auf jeden andern Vernunftgebrauch erstreckt und zuerst den wahren philosophischen Geist einflößt. Aber auch der Dienst, den sie der Theologie leistet, indem sie solche von dem Urteil der dogmatischen Spekulation unabhängig macht und sie ebendadurch wider alle Angriffe solcher Gegner völlig in Sicherheit stellt, ist gewiß nicht gering zu schätzen. Denn gemeine Metaphysik, ob sie gleich jener viel Vorschub verhieß, konnte doch dieses Versprechen nachher nicht erfüllen, und hatte noch überdem dadurch, daß sie spekulative Dogmatik zu ihrem Beistand aufgeboten, nichts anders getan, als Feinde wider sich selbst zu bewaffnen. Schwärmerei, die in einem aufgeklärten Zeitalter nicht aufkommen kann, als nur wenn sie sich hinter einer Schulmetaphysik verbirgt, unter deren Schutz sie es wagen darf, gleichsam mit Vernunft zu rasen, wird durch kritische Philosophie aus diesem ihrem letzten Schlupfwinkel vertrieben, und über das alles kann es doch einem Lehrer der Metaphysik nicht anders als wichtig sein, einmal mit allgemeiner Beistimmung sagen zu können, daß, was er vorträgt, nun endlich auch *Wissenschaft* sei, und dadurch dem gemeinen Wesen wirklicher Nutzen geleistet werde.